아더 피어슨의 성령행전

聖靈行傳

아더 피어슨의 성령행전
ⓒ한국기독교사연구소 2018

2018년 12월 10일 1판 1쇄 발행

지은이: 아더 피어슨(Arthur T. Pierson)
펴낸이: 박용규
번 역: 김춘섭
펴낸곳: 한국기독교사연구소
등 록: 2005. 10. 5. 등록 25100-2005-212호
주 소: 서울시 마포구 합정동 376-32(122-884)
전 화: 02)3141-1964
이메일: kich-seoul@hanmail.net

기획편집: 한국기독교사연구소
디 자 인: 김은경
인   쇄: 아람 P&H

ISBN 979-11-87274-12-4 (03230)

저작권자의 허락 없이 이 책의 일부 또는 전체를
무단 복제, 전재, 발췌하면 저작권법에 의해 처벌을
받습니다. 개인 용도 목적으로도 절대금합니다.

이 도서의 국립중앙도서관 출판예정도서목록(CIP)은 서지정보유통지원시스템
홈페이지(http://seoji.nl.go.kr)와 국가자료공동목록시스템(http://www.nl.go.
kr/kolisnet)에서 이용하실 수 있습니다.(CIP제어번호 : CIP2018035811)

아더 피어슨의 성령행전

聖靈行傳

사도행전에 나타난 보혜사 하나님
성령의 능동적인 선교와 사역에 대한 고찰

| 아더 피어슨 지음 김춘섭 옮김 |

THE ACTS OF THE HOLY SPIRIT

한국기독교사연구소
The Korea Institute of Church History

아더 피어슨(Arthur Tappan Pierson)
사진 출처 https://www.npg.org.uk/collections/search/portrait/mw202190/Arthur-Tappan-Pierson

헌정사

하나님이 부르신 곳의 사역을 위해, 성령에 의해 선별되고 하나님께 기름 부으심을 받은, 성령과 권능이 충만한 사람이자, 하나님의 백성의 주인이 아닌, 양떼의 모본으로서 성령께 감독자로 삼으심을 받아 하나님의 양떼를 먹인 그리스도의 사역자, 성령의 인도하심을 받아 하나님의 깊은 것을 탐구하고, 인간 지혜의 매혹적인 말이 아닌, 성령의 나타나심으로 말씀과 복음을 전한, 그리고 소천하기 전 하나님을 기쁘게 한 자라는 증거를 남긴 이, 아도니람 저드슨 고든(Adoniram Judson Gordon) 목사를 기념하며, 고든 목사의 거룩하고 유익한 생애 후년을 온통 사로잡았던 그 위대한 주제에 대해, 고든 목사의 생전 친구이자 그와 함께 성경연구와 기독교 사역을 수행한 자가 쓴, 이 초라한 졸저를 고든 목사에게 지극한 애정으로 드리는 바이다.

아더 피어슨의 「성령행전」 해제

사도행전을 성령행전이라고 붙인 최초의 인물은 아더 피어슨(Arthur Tappan Pierson, 1837-1911)이 아니다. 그러나 1895년 피어슨이 **성령행전**(*The Acts of the Holy Spirit*)을 출간한 후 사도행전은 성령행전이라 널리 알려지게 되었다. 영국의 저명한 신약학자 브루스(F. F. Bruce)는 사도행전을 성령행전이라 부르는 것에 전적으로 동의한다. 예수 그리스도의 생애를 다룬 사복음서가 예수행전이라고 한다면 사도행전은 성령 하나님께서 어떻게 당신의 교회를 세워가셨는가를 잘 그려주고 있다는 점에서 성령행전이라 부를 수 있을 것이다.

저자 아더 피어슨

아더 피어슨은 19세기 말과 20세기 초 미국만 아니라 전 세계를 대표하는 복음주의 지도자 가운데 한 명이다. 그는 뉴왁에서 가장 오래된 교회를 담임했던 청교도 목사 아브라함 피어슨의 후손이다. 피어슨은 독실한 장로교인이자 강력한 노예폐지주의자 가문인 스티븐 피어슨과 샐리 피어슨 사이의 열 명의 자녀 중 아홉 번째로 태어났다. 독실한 장로교 장로였던 그의 부친과 독실한 신앙인이었던 어머니는 10명의 자녀들을 어릴 때부터 신앙으로 양육하였다. 주일이면 자녀들을 데리고 스프링가(街) 장로교회에 출석했다. 부모가 그에게 당시 저명한 뉴욕 노예폐지주의자인 아더 테이판(Arthur Tappan)이라고 이름을 붙여준 것도 부모의 사회적 관심을 반영해준다. 부모는 전통적인 기독교 가치를 존중하면서 사회적 책임을 중시하는 당시 복음주의 전통을 따라 자녀들을 신앙으로 양육하고 사립학교에 보내 훌륭한 일반교육도 받게 했다. 1848년 11살 때 피어슨은 워싱턴스퀘어의 마운트 워싱톤교구학교에서 헬라어와 라틴어를 배웠고, 12살 때부터 헬라어신약성경을 읽었다. 이어 테리타운 언덕의 허드슨에 있는 고등학원에 진학하여 계속 공부하였으며 특히 인문주의(시, 음악, 어학, 화술) 분야에 깊은 조예를 드러냈다. 그는 13살 때 감리교 부흥집회에 참석했다가 은혜를 체험하고 예수 그리스도를 공개적으로 고백하였다. 그는 어릴 때부터 전통적인 신앙을 소중하게 배웠고 부모의 영향을 받아 사회적 책임에 깊은 관심을 가졌다. 1852년 5월 28일 고등학교를 졸업하던 15살 때 피어슨은 머서가(街)에 있는 장로교회에서 뉴욕의 복음주의 청년 대표들과 YMCA 연합운동에 동참한 것도 그 때문이다.

피어슨은 1853년 명문 해밀톤대학에 진학해 1857년 이 학교를 졸업하고 그해 뉴욕 유니온신학교에 진학하여 1860년에 졸업했다. 그가 유니온신학교를 재학할 때는 남북전쟁이 발발하기 전이었고, 유니온신학교가 좌경화되기 이전이었다. 유니온신학교 출신의 진보주의 목회자로 그를 분류하는 것은 전혀 시대에 맞지도 않고 그의 신학사상에도 맞지 않다. 그는 복음의 열정이 대단했고, 선교열로 불타올랐으며, **세계선교평론지** 편집장을 오랫동안 맡으며 해외선교운동에 지대한 공헌을 하였다. 무디(Dwight L. Moody, 1837-1899)의 가까운 친구였고, 학생자원운동의 선구자였으며, 스펄전(Charles H. Spurgeon, 1834-1892), 고든(Adoniram Judson Gordon, 1836-1895)의 진실된 친구였다. 1869년에 부임한 디트로이트의 포트 스트리트 장로교회가 불타 교회는 지역 오페라하우스에서 예배를 드렸는데 그곳에서 부흥이 일어났다.

사회적으로 저명한 목사이기보다 복음을 전하는 복음전도자로 부름을 받았다는 소명의식을 강하게 느낀 피어슨은 1883년 필라델피아의 베다니 장로교 목회자가 되었다. 그가 부임한 후 빈민촌에 위치한 베다니교회는 가난한 자들을 위한 선교로 널리 알려지기 시작했다. 그가 담임으로 재직하는 동안 피어슨은 선교사훈련학교를 설립하고 선교와 사회적 봉사를 실천하며 전국적인 명성을 얻기 시작했다. 이때부터 1911년 세상을 떠날 때까지 피어슨은 많은 족적을 남겼다. 1885년 무디와 바이블 컨퍼런스를 개최하고 세계선교운동을 전개했다. 1886년에는 **선교의 위기**(*The Crisis of Missions*)를 출간했다. 바로 그해 여름 피어슨은 매세추세츠 노스필드에서 열린 여름 수련회 때 YMCA 학생들에게 메시지를 전했고, 그 결과 100명의 젊은이들이 해외선교를 지망하는 학생자원운동(SVM, the Student Volunteer Movement for Foreign Missions)이 태동되었다. '이 시대에 세계복음화'(the evangelization of the world in this generation)라는 널리 알려진 학생자원운동의 모토는 존 모트가 착안한 것이 아니라 아더 피어슨이 착안한 캐치프레이즈였다.

그는 수많은 저술, 논문, 강연을 통해 선교와 부흥을 독려하고 1888년부터 1911년 세상을 떠날 때까지 당대 가장 중요한 초교파선교지 **세계선교평론지**(*The Missionary Review of the World*) 편집장을 맡아 해외선교운동을 선도하며 세계선교에 지대한 공헌을 이룩했다. 이미 해외선교 동원가로 널리 활동하기 시작하던 아더 피어슨은 뉴브룬스위크신학교를 방문해 재학생들에게 해외선교를 독려하였고, 그 영향을 받아 해외선교를 자원한 사람 가운데 한 명이 언더우드 선교사였다. 1888년 피어슨은 찰스 스펄전이 시무하는 런던 메트로폴리탄 테이버너클 교회에 협동목사로 섬기면서 아프리카 내지선교회(the Africa Inland Mission)와 동양선교회(the Oriental Missionary Society), 그리고 조지 뮬러가 널리 사용하는 '페이스선교'(faith mission)에 깊은 영향을 받았다.

이후 피어슨은 자신의 남은 생애를, 성경을 가르치고, 말씀에 기초한 참된 영성을 고취하는 일에 헌신하였다. 그는 진정한 부흥을 간절히 사모하였다. 1895년에 출간된 **성령행전**에는 사도행전과 성령에 대한 해박한 지식은 물론 그 자신의 부흥에 대한 간절한 열망이 그대로 묻어 있다. 1910년 그는 동아시아를 순회 방문하는 중 한국도 방문했지만 병이 악화되어 브루클린 집으로 돌아갔다가 이듬해 1911년 세상을 떠났다. 그의 유지를 받들어 설립된 것이 피어선성경학원(평택대학교 전신)이다.

「성령행전」의 의의

아더 피어슨의 성령행전(The Acts of the Holy Spirit)은 1895년 한국에 관한 많은 서적들을 출판한 플레밍 리벨출판사(Fleming H. Revell Company)에서 출간되었다. 1895년은 그의 친구 고든이 죽던 바로 그해였다. 그는 이 책을 사랑하는 고든에게 헌정했다. 고든은 고든대학의 설립자이고, 그가 설립한 학교는 오늘의 고든콘웰신학교로 발전하는 초석이 되었다. 이미 널리 알려진 피어슨의 명성과 더불어 피어슨의 성령행전은 성령과 부흥에 대한 깊은 관심을 불러 일으켰다. 142쪽의 성령행전은 11장으로 구성되었다. 11장 모두 '성령'이라는 주어가 중심이 되어 장 제목들이 정해졌다. 1장 성령을 보내시겠다는 약속, 2장 성령의 오심과 일하심, 3장 성령의 충만과 담대케 하심, 4장 성령의 임재(臨在, presence)와 주재(主宰), 5장 성령의 사역(使役)과 성령의 권위, 6장 성령의 사랑과 인도하심, 7장 성령의 예보와 성령을 미리 맛보기, 8장 성령의 부르심과 보내심, 9장 성령의 상담자 역할과 성령의 승인, 10장 성령의 제지와 강권, 11장 결론: 성령을 받아들이기와 거부하기이다. 이 저서는 몇 가지 점에서 매우 중요한 의미를 지닌다.

첫째, 사도행전을 성령행전이라는 관점에서 처음부터 끝까지 심도 있게 추적하여 사도행전의 연구를 한층 더 풍요롭게 만들어 주었다. 교회와 선교에 있어서 성령께서 하시는 역할이 무엇인지, 어떻게 그가 교회와 선교를 이끌어 오셨는가를 현장감 있게 제시하였다. 그런 면에서 이 책은 오순절 성령강림 이후 어떻게 성령께서 이 땅의 교회를 세우시고 하나님 나라를 확장해 나가시는지를 생생하게 그려주었다.

둘째, 이 책은 소위 현대 오순절운동이 발흥하기 이전인 1895년에 출

아더 피어슨의 성령행전(*The Acts of the Holy Spirit*) 1895년판
사진 출처 https://www.worthpoint.com/worthopedia/c1895-acts-holy-spirit-pierson-1869508613

간된 서적이다. **성령행전**이라는 제목이 소위 현대 오순절운동의 영향을 받아 붙여진 이름도 아니고, 피어슨이 오순절운동의 영향을 받은 것도 아니다. 피어슨은 상당히 전통적인 신앙교육을 받았고, 역사적 기독교에 충실하면서도 성령의 역동성을 인정하였다. 공교롭게도 이 책이 출간된 후 1903년 원산부흥운동, 1904년 웨일즈부흥운동, 1905년 인도카시부흥운동, 1906년 아주사부흥운동, 1907년 평양대부흥운동, 1908년 중국대부흥운동을 비롯한 강력한 성령의 역사가 전 세계적으로 발흥하였다. 그런 면에서 아더 피어슨의 책은 당시 잠자는 수많은 목회자들과 평신도를 잠에서 깨운 서적이다.

셋째, 피어슨의 **성령행전**은 오늘날의 왜곡된 성령 이해를 바로 잡아주는 중요한 역할을 할 것이라고 본다. 성경에 나타난 성령의 역사를 너무도 훌륭하게 정리해 주었다. 비록 그것이 중심주제는 아니지만 피어슨의 성령이해는 구약과 신약의 성령이해, 사복음서와 사도행전의 성령이해, 사도시대와 오늘날의 성령이해의 연속성과 불연속성이 무엇인지 중요한 가이드라인을 제시해 줄 것이다.

오늘날 성령론이 한편에서는 지극히 홀대를 받고 있고 다른 한편에는 무분별한 성령론으로 인해 성령론 혼란시대를 맞았다. 사도행전에 기초한 성령에 대한 바른 이해는 교회를 바르게 세우는 중요한 원동력이다. 본서는 깊은 영적 침체에 빠진 오늘날의 한국교회에 성령을 간절히 사모하고, 무분별한 성령론을 바로 잡아주는 신앙의 가이드 역할을 해 줄 것이라고 기대한다. 성령의 놀라운 역사가 한국교회 안에 풍성하게 임하길 소망한다.

2018년 12월 1일
한국기독교사연구소 소장 박용규
총신대학교 신학대학원 교수

서론

사도행전은 다섯째 복음서나 마찬가지다. 사도행전은 누가가 전에 쓴 이야기(누가복음)뿐만 아니라, 사복음서 전체와 결부시켜 보아야 바르게 이해할 수 있는 책이다. 우리 주 예수 그리스도의 인격과 사역은, 사도행전을 포함해, 이렇게 다섯 가지 측면으로 우리에게 제공되었다.

이 다섯 가지 측면은, 구약의 예언서(이사야 9:6)에 나타난 그리스도의 다섯 가지 "이름"을 연상시킨다. 마태는 그리스도를 "기묘한" 메시아 왕으로 나타내며, 누가는 은혜로운 인간적 "모사(Counselor, 상담자)"로, 마가는 "전능하신 하나님," 기적을 일으키시는 분으로, 요한은 그의 본질적 바탕이 "영존하시는 아버지"인 분으로 묘사하고 있다. 그리고 사도행전은 그리스도를 "평강의 왕"으로 나타낸다. 그리스도는 보좌에 오르신 후 신자들에게 보혜사 성령을 선물로 보내셔서, 우리 그리스도인들로 하여금, 그리스도의 이름으로, 그리스도를 대신해서 열방으로부터 성도들을 불러 모으는 이 시대의 위대한 사역과 영적 싸움을 수행하게 하셨다.

따라서 사도행전은, 비록 동일 저자가 쓴 누가복음과 매우 긴밀하게 연결되어 있긴 하지만, 실은 네 복음서 전체의 후속편으로 봄이 타당하다. 또한 사도행전은, 거룩한 언약궤의 전후좌우 4면 위에 얹혀진, 그리고 4면을 하나로 결합시키는 시은좌(속죄소)에 비길 수도 있을 것이다. 또 다른 면에서도, 사도행전은 언약궤와 흡사한 점이 있다. 언약궤의 시은좌에서 셰키나(Shechinah, 하나님의 임재의 영광)의 불이 빛을 내며 타올랐듯이, 사도행전에서도 성령의 불이 처음으로 말세의 영광 가운데 타오르며 빛나고 있음을 볼 수 있다.

사도행전을 연구할 때는, 따라서, 주로 다음과 같은 두 가지 목적을 가지고 임해야 한다. 첫째, 우리 주님이 **자신의 신적인 가르침과 역사(役事)**를, 보이지 않게, 그러나 실제적으로 계속 수행하고 계시는 모습을 추적하는 것이다. 둘째, 교회 안에 임재하고 내주해 계시는 **성령의 능동적인 사역**을 추적하는 것이다.

우리가 여기서 주목할 것은, 누가의 이전 글(누가복음)이 이 나중의 글(사도행전)을 이미 내포하고 있다는 사실이다. 즉, 누가복음은 "예수의 행하시며 가르치시기를 시작하심부터"(사도행전 1:1) 기록한 글이고, 사도행전은 주께서 보혜사 성령을 통해 행함과 가르침을 계속 수행하고 계시는 데 대한 글이다. 그러므로 분별력이 있는 학생이라면, 사도행전이 우리 주께서 지상사역 때에 이루신 위대한 일들의 후속편임과 동시, 주님이 아버지께로 돌아가신 후 성령이 행하신 "더 큰 일"의 기록임을 알아차릴 것이다.

사도행전에 대한 본서의 간략한 연구는 사실, 어떤 약속의 땅에 대한 최초의 일별에 지나지 않는다. 본서는 필자가 발견한 내용을 소개한 글이다. 이 사도행전의 이야기는 성령께서 그리스도의 증인인 신자들에게, 그리고 그리스도의 증인집단인 교회에 주신 계시다. 첫 장부터 계속해서 우리는 이 위대한 주제를 점진적으로 펼쳐가게 될 것이다. 필자는 이 주제를 추적하고자 겸손하게 노력했다.

본서의 내용과 관련해 필자가 요구하고 싶은 것은 아무것도 없다. 다만 한 가지, 여타의 모든 발견처럼, 본서도 보다 완벽한 고찰과 더욱 철저한 탐구를 통한 확증이 필요하다. 그러나 본서의 힌트가 에스골 골짜기의 포도송이가 됨으로써(민수기 13:23-24 참조), 이것이 보다 유능한 사람들을 자극해 이 아름다운 땅을 더욱 성공적으로 철저히 탐험하게 하고, 하나님의 백성들이 그 땅을 보다 철저히 점유해 누리도록 그들을 인도한다면, 필자의 욕구와 목적은 달성되는 셈이다.

1895년 10월
뉴욕, 브루클린, 딘가(DEAN STREET) 1127
아더 피어슨(Arthur T. Pierson)

목차

헌정사 ·· 6

아더 피어슨의「성령행전」해제 ··· 7

서론 ·· 13

1장 성령을 보내시겠다는 약속 ·· 19

2장 성령의 오심과 일하심 ·· 27

3장 성령의 충만과 담대케 하심 ··· 35

4장 성령의 임재와 주재 ·· 43

5장 성령의 사역과 성령의 권위 ··· 53

6장 성령의 사랑과 인도하심 ·· 60

7장 성령의 예보(forecast)와 맛보기(foretaste) ················· 67

8장 성령의 부르심과 보내심 ·· 77

9장 성령의 상담자 역할과 성령의 승인 ························· 85

10장 성령의 제지와 강권 ··· 94

11장 결론: 성령 받음과 거부 ·· 103

1장
성령을 보내시겠다는 약속

지고(至高)한 진리의 계시는 완성을 위해서는 말과 행위 둘 모두 필요하다. 이론은 실천적 모본에 의해 강화되고 예시되는 법이다. 보혜사 성령의 선교와 사역의 계시가 충분히 교훈되기 전 그리스도의 성육신이 있어야 했고, 성령이 충분히 설명되고 이해되기 전 그리스도의 승천이 있어야 했다. 그런 후에야 비로소, 성령이 권능의 오순절, 곧 신적 에너지의 영광스런 세례 가운데 부어지셨다.

따라서 우리가 보다시피, 성령의 인격과 사역에 관한 우리 주님의 가르침 대부분은 주님의 초기 사역에 관한 기록에 나오지 않고, 십자가에 못 박히시기 직전의 단일강론, 요한복음의 보배로운 세 장(14–16장)에 기록, 보존되어 있다. 이 단락에서, 성령은 처음으로 그 신비로운 이름 **보혜사(파라클레토스, Παράκλητος)**로 등장한다. 하나의 영어 단어로는 이 이름의 의미를 충분히 나타내거나 표현할 수 없다. "여호와," "아빠(Abba)," "할렐루야" 등등처럼 이 단어도 원어 형태로 직역하는 것이 아마 더 나을 것이다.

이 단어 "파라클레토스"는 가장 근사한 라틴어 동의어 "아드보카테"(advocate, 요한일서 2:1에서 "파라클레토스"의 대역어로 한 번 쓰임)처럼 주로, 누군가를 돕기 위해서나 혹은 누군가의 대리자 역할을 하도록, 부름 받았다는 개념을 지니고 있는 것 같다. 예를 들어, 대변자(advocate)가 법정에 출두해, 다른 사람을 대신해서 그의 대리인으로 송사를 수행하는 것처럼 말이다.

여타 어떤 개념이 파레클레토스라는 이름에 고유하게 내포되어있든, 지배적인 핵심 개념은 바로 이것이라고 생각된다. 즉, 그리스도가 떠나가실 때, 성령은 주 예수님의 부재를 대신해서 오신다는 것이다. 그러므로 성령은 개개 신자들을 위해, 그리고 신자들의 집단인 교회를 위해, 그리스도께서 지상에 계속 계셨을 경우 그리스도가 행하셨을 바로 그 동일한 역할을 수행하신다.

그러나 그리스도와 달리, 성령께서는 부가적인 유익도 주신다. 주 예수님은 비하(卑下)의 신분으로 계실 때, 주님 자신의 인성 및 우리의 인성 때문에 모종의 제한을 당하실 수밖에 없었고, 따라서 육체로 계시는 동안 현실적으로 편재하시지 못했다. 반면에 성령은 성육신의 방식에 의해 인간의 몸을 취하시지 않고, 동일하게, 도처에서 모든 신자 속에 내주하시며 모든 신자와 함께 거주하신다. 그런 까닭에 그리스도가 "떠나가는" 것이 제자들에게는 오히려 "유익"했다(요한복음 16:7). 그가 떠나실 때, 자기 대신에 보혜사를 보내실 수 있었기 때문이다.

복음서 이야기들에서 교훈이나 가르침의 형태로 나오는 내용이, 사도행전에서 실제사례 혹은 본보기 형태로 재현(再現)한다는 사실은, 기이하고도 의미 깊은 현상이다. 요한복음의 "고별강론"에서 주님이 성령에 관해 가르치신 위대한 진리들이 사도행전의 실제 역사(歷史) 속에서 예증되고 조명되며, 실례로 등장하고 적용되고 있는 것이다.

그러므로 우리가 사도행전에 나타난 성령의 인격과 사역을 이해할 목적으로 사도행전을 공부하고자 한다면, 먼저 우리 주님이 앞서 언급한 고별강론에서 이 주제에 관해 가르치신 모든 내용을 하나의 연속적인 진술 형식으로 묶는 것이 필요하고, 또 그것이 바람직하다. 특히 나중에 사도행전에서 예증되고 서신서에서 확장되고 있는 모든 가르침이, 이 고별강론에 발아(發芽) 형태로 담겨져 있기 때문이다.

그렇다면 우리가 이 지점에서 잠시, 주님이 성령에 관해 증언하신 일단의 내용을 꺼내어 적어보자. 이 가르침 전체에는, 어떤 평행 현상(parallelism, 유사한 내용의 흐름과 발전)이 나타나 있다. 그리고 거기에는 히브리 시문의 진수에서 나오는 특이한 시적 리듬과 사상의 리듬이 있다. 이것들을 잘 살려 서술해보면, 상응하는 개념들의 관계를 통찰하는 데 도움이 된다.

내가 아버지께 구하겠으니
그가 또 다른 보혜사를 너희에게 주사
영원토록 너희와 함께 있게 하리니,
그는 진리의 영이라.
세상은 능히 그를 받지 못하나니
이는 그를 보지도 못하고 알지도 못함이라.
그러나 너희는 그를 아나니
그는 너희와 함께 거하심이요,
또 너희 속에 계시겠음이라. (요한복음 14:16-17)

내가 아직 너희와 함께 있어서
이 말을 너희에게 하였거니와
보혜사,
곧 아버지께서 내 이름으로 보내실 성령,
그가 너희에게 모든 것을 가르치고
내가 너희에게 말한 모든 것을 생각나게 하리라.
(요한복음 14:25-26)

내가 아버지께로부터 너희에게 보낼 보혜사
곧 아버지께로부터 나오시는
진리의 성령이 오실 때에
그가 나를 증언하실 것이요
너희도 처음부터 나와 함께 있었으므로
증언하느니라. (요한복음 15:26-27)

내가 떠나가는 것이 너희에게 유익이라

내가 떠나가지 아니하면
보혜사가 너희에게로 오시지 아니할 것이요
가면 내가 그를 너희에게로 보내리니
그가 와서
죄에 대하여,
의에 대하여,
심판에 대하여
세상을 책망하시리라
죄에 대하여라 함은 그들이 나를 믿지 아니함이요
의에 대하여라 함은 내가 아버지께로 가니 너희가 다시 나를 보지
못함이요
심판에 대하여라 함은 이 세상 임금이 심판을 받았음이니라.
내가 아직도 너희에게 이를 것이 많으나
지금은 너희가 감당하지 못하리라.
그러나 진리의 성령이 오시면
그가 너희를 모든 진리 가운데로 인도하시리니
그가 스스로 말하지 않고
오직 들은 것을 말하며
장래 일을 너희에게 알리시리라.
그가 내 영광을 나타내리니
내 것을 가지고 너희에게 알리시겠음이니라.
무릇 아버지께 있는 것은 다 내 것이라
그러므로 내가 말하기를 그가 내 것을 가지고
너희에게 알리시리라 하였노라. (요한복음 16:7-15)

우리 앞에 놓인 이 일단의 가르침을 가지고, 사도행전으로 들어가서 이 진리들이 초대교회의 역사에서 어떻게 실증되고 예증되었는가를 살펴보자. 우리는 본서를 감히 **성령행전**(Acts of the Holy Spirit)이라고 부른다. 처음부터 끝까지 사도행전이 성령의 강림과 활동에 대한 기록이기 때문이다. 사도행전에서 성령은, 오셔서 일하시는 분으로 나타난다.

그리고 개인적으로, 집단적으로, 신자들에게서 일어나는 모든 통상적인 활동은 하나의 강줄기처럼, 인간 통로를 지나 신적인 근원과 샘으로 거슬러 올라간다.

그러나 한 분의 진정한 행위자 혹은 대리자(one true Actor or Agent)이 여기서 인식된다. 기타 모든, 이른 바 행위자들(actors)과 일꾼들(workers)은 단지 그의 도구에 불과할 뿐이다. 행위자는 스스로가 직접 행동하는 이고, 도구는 그 행위자의 행위 통로다. 이것이 사도행전의 독특한 매력이다. 사도행전은 성령의 일하심을 보여주기 위해 선택된 벌판이다. 분별력 있는 경건한 독자라면, 각 장이 성령의 활동을 드러내는 새로운 통로일 뿐이며, 모든 사건들마다 교회, 즉 그리스도의 신비로운 몸 속에서 성령의 임재와 권능이 새롭게 나타나는 현상임을 알게 될 것이다.

이제 남은 일은, 이 짧은 사도행전 역사(歷史)의 세목들을 고찰함으로써 이 사실을 확증하는 것뿐이다. 사도행전의 역사는 그에 선행하는 우리 주님의 생애에 관한 이야기처럼, 대략 33년, 한 세대의 평균적인 지속기간에 걸쳐 있다. 이는 마치, 장차 다가올 여러 세대들을 위해, 불순종과 불신앙, 속된 마음과 육욕 등으로 성령을 방해하지 않고, 성령께서 일하시도록 우리가 허용하기만 한다면, 성령이 얼마나 놀라운 능력으로 각 신자와 교회를 위해 일하실 것인가를 보여주기 위한 하나의 안배처럼 보인다.

이 서두의 장에서, 사도행전이 가르치고 예증한, 두 가지 위대한 진리를 제시하고자 한다.

[첫째] 하나님의 성령, 보혜사는 각 제자와 교회를 위해, 그리스도께서 지상에 계속 머물러 우리 각자의 개인적인 동반자와 상담자로서 존재하셨을 경우와 동일한 역할을 수행해 주신다.

[둘째] 신자와 교회 안에서 일하시고 그들을 통해 일하시는 하나님의 성령에 의해, 신자들은 자기 분량만큼, 성령이 자신들에게 이루어 주신 것을 세상에 나타낼 수 있다.

이 두 가지 사실을, 이제 경건하게 "성령행전"의 기록에 비추어 고찰하고자 한다. 하나님의 모든 성전들의 현관은 내부의 아름다움 및 완벽함과 조화를 이룬다. 사도행전의 문지방에서도, 우리가 곧 들어갈 영광스러운 진리의 궁실들을 보여주는 표식, 그리고 그 궁실들에서 베일을 벗고 드러낼 경이들의 어떤 표식이 나타난다.

사도행전 1장의 둘째 구절은 그리스도에 관해, "그가 택하신 사도들에게 **성령으로**(through the Holy Spirit) 명하시고 승천"하셨다고 말한다. 그리스도의 부활과 승천 사이 40일 동안, 부활하신 주님과 제자들 사이에 이루어진 복된 교제, 주님이 그들에게 하나님의 나라에 관해 들려주신 모든 놀라운 이야기들은, 그 근원이 성령께로 소급되고 있음을 이 구절은 밝힌다. 이 사실로부터 우리는, 이 구절에 바로 이어지는 다음과 같은 명령이 얼마나 중요한가를 파악할 수 있다. "예루살렘을 떠나지 말고 내게서 들은 바 아버지께서 약속하신 것을 기다리라"(4절). "아버지께서 약속하신 것"은 성령세례. 그리스도 자신도 공적 사역을 시작하기 전, 바로 이 동일한 성령세례를 받을 때까지 30년을 기다리셨다.

제자가 스승보다 높지 못하며 종이 주인보다 높지 못하다. 주님 자신도 사역의 권능을 위해 성령의 도우심이 필요했다면, 우리도 동일한 기름부음 없이 우리가 받은 사역을 시도할 수 없다는 것은 확실하다. 성령의 필요성을 제시한 후 즉각 뒤를 이어 주님은 성령을 주시겠다고 새롭게 확언하신다. "너희가 너희에게 임하시는 성령의 권능을 받고, 예루살렘과 온 유대와 사마리아와 땅 끝까지 이르러 내 증인이 되리라"(사도행전 1:8의 다른 읽기임). 이 서두의 가르침은 사도행전 전체를 여는 열쇠다.

"아버지의 약속"은 이제 아들의 약속이 되었다. 그리스도는 자기 안에 내주하신 성령을 통해, 제자들에게 하나님의 나라에 대해 이야기하시며 그들에게 가르침과 명령을 주셨다. 그런데 바로 이 동일한 성령이 제자들에게 강림하여 그들 안에 내주하며, 그들이 증인으로서 사역을 행할 때, 그들에게 모든 권능의 근원과 비결이 되어 주신다는 것이다. 이 새로운 성령세례는 너무나 중요했으므로, 제자들은 사역을 시작하기 전 그것을 기다려야 했다. "너희는 위로부터 능력으로 입혀질 때까지 이 성에 머물라"(누가복음 24:49). 제자들은 새로운 체험을 가져야 했으며, 그들의 증언 사역은 그들의 스승처럼 그 체험에 바탕을 두어야 했다.

이 첫 가르침을 모든 사람이 쉽게 읽을 수 있도록 대문자로 기록해두자.[1] 바로 이 가르침이, 이어지는 모든 역사(歷史)의 자물쇠를 열어주고, 후속적인 모든 가르침을 해명해주기 때문이다. 그리스도의 증인들이 지녀야 할 최고의 자질은 이것이다. 성령으로부터 권능을 부여받아야 한다. 이 약속을 서두에 담고서, 사도행전의 이야기 전체는 그 약속이 얼마나 중요한가를 우리에게 보여준다.

사도행전에서, 성령의 권능을 받은 제자들은 성령께서 자신들에게 이루신 것을 세상에 그대로 나타내고 있다. 성령은 제자들 안에 강력히 성육신하심으로써, 그들을 통해서, 타인들을 향해 일하신다. 그리하여, 내주하시는 성령에 의해 제자들은 성령처럼 진리의 교사들이 되어 사람들을 모든 진리 안으로 인도한다. 그들은 기름부음 받은 증인들이 되어 그리스도에 관해 증언하고 그리스도를 영화롭게 한다. 또한 그들은 독자적으로 무언가를 말하지 않고, 영감을 받은 증인들이 되어, 그리스도의 것을 받아 사람들에게 이를 보여준다. 게다가 유능한 증인들로서 그들은 죄에 대해, 의에 대해, 심판에 대해 세상을 깨우치며, 더 나아가 예언자적인 증인들로서 그들은 장차 올 일을 알린다.

이처럼 성령행전의 책은 이 열쇠(성령의 권능)로써 책 자체의 성격을 잘 밝혀주고 있다. 서두 장은 기본음을 울리고 있으며, 뒤이은 화음의 주도적인 현(弦) 역할을 한다. 제자들에게 약속된 것이 무엇인지, 그리고 그 약속이 무엇을 의미하는지는 십일 후에 밝혀진다. 이 매혹적인 이야기를 한 걸음씩 따라가 보면, 이 이야기가 가장 아름답게 우리 앞에 출현할 것이다.

---

[1] 저자가 강조하기 위해 대문자로 쓴 글들을 역자는 고딕체로 옮김 – 역자주

이 지점에서 우리는 베드로가 오순절 설교에서 예수님에 대해 말한 것을 들쳐보자. 그 내용은 바로 이 사도행전 서두의 성령강림에 관한 사실을 다루고 있다. "하나님이 오른손으로 예수를 높이시매 그가 약속하신 성령을 아버지께 받아서 너희가 보고 듣는 이것을 부어 주셨느니라"(사도행전 2:33). 성경 전체 가운데 오직 여기에만 등장하는 이 구절의 언어는, 간과하기에는 너무나 특이하다. 성령은 하나님이 그리스도에게 주신 승천선물이다. 하나님이 그리스도에게 이 승천선물을 주신 것은, 그리스도께서 또한 교회에 성령을, 자신의 승천선물로서 하사 하시도록 하기 위함이었다.

그 까닭에 예전에 그리스도는 이렇게 말씀하셨다. "볼찌어다, 내가 내 아버지께서 약속하신 것을 너희에게 보내리니"(누가복음 24:49). 이것은 아버지가 아들에게 약속하신 선물이며, 또한 아들이 신자들에게 약속하신 선물이었다. 따라서 요한복음에서 그리스도의 먼저 하신 말씀과 나중 하신 말씀이 외견상 상호 모순되는 것처럼 보이지만, 이것을 조화시키기는 매우 쉽다. 먼저 하신 말씀은 다음과 같다. "내가 아버지께 구하겠으니 그가 또 다른 보혜사를 **너희에게 주사**"(요한복음 14:16). 그리고 나중의 말씀은 이렇다. "내가 … 가면 **내가 그를 너희에게로 보내리니**"(요한복음 16:7). 성령의 오심은 아들의 기도에 대한 아버지의 응답이었다. 그리하여 그 선물은 교회의 머리이신 그리스도에 의해 그의 신비로운 몸에 전달되었다.

2장
성령의 오심과 일하심

아버지와 아들이 주신 그 신비로운 약속의 성취가 이제 사도행전의 지면들을 영광으로 타오르게 만든다(사도행전 2장). 오순절에 제자들은 "다 같이 한 곳에" 모여 있었다. 갑자기 하늘로부터 급하고 강한 바람 같은 소리가 온 집에 가득하며 동시에 그들은 성령으로 충만해졌다. 이 내적 충만의 첫 표징은 다음과 같았다. "성령이 말하게 하심을 따라 다른 언어들로 말하기를 시작하니라"(사도행전 2:4). 성령의 활동에 관한 이 점진적인 가르침에서, 이어지는 각 단계마다 주의 깊게 관찰하는 것이 매우 중요하다. 따라서 각각의 교훈이 두드러지게 돋보이도록 대문자를 사용해 표기해 보는 것도 좋으리라.

성령이 신자들 속에서, 그리고 신자들을 통해 직접 일하신 데 대한 이 첫 기록을 대문자로 써보자. "성령이 말하게 하심"(4절). 그 강한 "바람"은 제자들에게 하나님의 "숨"이 되었고, 그것이 발언을 가능하게 했다. "각 사람 위에 임하여" 있던, "혀 같이 갈라지는 것"은 전에 알려지지 않은 수많은 언어들을 구사하게 될, 수많은 혀들의 상징이었다. 그리고 그 혀들은 "불의 혀"같았다. 불은 하나님의 말씀인 성경 전체에서, 하나님의 임재와 권능에 대한 특별한 상징과 표식으로 등장한다. 바람과 물도 강하지만, 불은 둘을 능가한다. 불은 항거할 수 없는, 모든 것을 압도하는 에너지다.

성령은 "각 사람 위에 임하여" 계셨다. 이는 금후로 성령이 개개 신자들과 신자들의 집단, 즉 그리스도의 새 교회 속에, 자기 자리를 두실 것에 대한 예시였다. 우리는 여기서 그리스도가 세례를 받으실 때, 성령이 비둘기처럼 그 위에 머무셨다는 사실을 상기하지 않을 수 없다. 비둘기는 보금자리와 안식을 갈망하는 새로서, 갈까마귀나 쉼 없이 날며 방랑하는 그런 새들과 다르다. 그 거룩한 비둘기는, 창세 이래 찾지 못했던, 그가 내려앉을 처소를, 그 거룩한 인간(그리스도) 속에서 마침내 발견했다. 그리고 이제 믿는 제자들로 구성된 그리스도의 몸속에 성령은 자기 거처를 잡으신다.

"임하여 있었다(sat, 앉아있었다)"라는 단어는 신약성경에서 유다른 뜻을 가지고 있다. 이 단어는 준비의 완성 및 어떤 영구적 자세와 상태라는 개념을 지니고 있다. 그리스도는 "죄를 정결하게 하는 일을 하시고 높은 곳에 계신 지극히 크신 이의 우편에 앉으셨느니라"(히브리서 1:3). 이 구절은, 그 이전까지는 그리스도의 사역이 아직 미완성이었다는 뉘앙스를 풍긴다. 이는 마치 제사장들이 성전 안의 제단에서 섬기는 일을 행했지만 성전 안에 그들이 앉을 자리가 마련되어 있지 않았던 것과 흡사하다. 그러나 이제 그리스도는 속죄를 완성하고 사명을 완수하셨으므로 앉아서 안식하실 수 있었다.

마찬가지로, 성령께서도 지금 말세에, 그리스도의 교회 안에서 자신의 자리, 자신의 거처를 얻으셨다. 그래서 교회의 진정한 탄생일은 오순절 날이다. 그리고 그 때 이후의 교회를 모종의 신적인 성당(聖堂, cathedral)으로 간주할 수 있다고 우리가 말한다 하더라도, 그것은 성령의 거룩한 직무를 얕잡아 보는 게 아니다. 이 하늘의 대주교 성령께서는 교회 안에 "의장석"을 두고 교회를 주관하시며, 그의 예하 "주교들" 혹은 "감독들"은 거기로부터 나아가 성령의 권위로 감독 일을 수행하고, 성령이 임명하시는 증인들은 그를 위해 섬김을 행한다.

사도행전 2장은 또한 성령의 권능이 처음으로 크게 현현하고 예증된 사건을 담고 있다. 그것은 구체적으로, 증언과 관련된 권능이다. 우리는 성경의 용어들을, 정확한 의미도 모른 채 아무렇게나 사용하기 쉽다. "기름부음"(unction, anointing)이라는 용어는, 사도요한이 영적 지식, 통찰, 영적 분별이라는, 일정한 의미로 사용하는 것 같다(요한일서 2:20, 27).

그리고 여기 사도행전에 나타난 권능의 부여는, 그리스도를 증언하는 데 필요한 영적 자질임이 확실하다. 우리가 "기름 부음"이나 "권능을 받는다"와 같은 용어를, 다른 문제들, 예컨대 영적 은사와 은혜의 일반적인 증가, 거룩하고 매력적인 인격의 성숙 등에 대해서도 어느 정도까지 적용할 수 있는지는 의문이다.

기독교의 체험에는 크게 세 가지 분야가 있는데, 그것은 **구원, 성화(聖化), 그리고 사역**이다. 기름부음과 오순절적인 권능은 특히 이 셋 가운데 사역과 결부되어 있는 것 같다. 따라서 그것은 또한 진리를 전할 때의 능력과도 결부되어 있다. 베드로의 설교는 이런 성령의 권능을 현저하게 보여주는 하나의 좋은 본보기다. 베드로는 그 때 모인 무리 가운데 한 사람에 불과했고, 그 무리 모두에게 동일한 권능이 임했다. 그러나 그의 설교가 사도행전에 기록되어 있고, 그가 복음을 전한 결과 3천 명이 회심했다.

우리가 이 대목을 질질 끌며 길게 이야기할 필요는 없을 것이다. 간결하게 언급해도 우리의 목적은 충분히 달성될 것이므로, 단지 성령께서 그런 놀라운 회심의 은혜를 베푸시는데, **어떤 종류의 설교**를 통로로 사용하셨는지만 잠깐 짚고 넘어가고자 한다.

그런 설교에서, 지적 과시나 문학적인 아름다운 표현으로 얻을 수 있는 유익은 전혀 없었을 것이다. 그 설교는 철학으로 정교하게 갈고 닦은, 그리고 수사학적 미사여구로 장식한 수필이나 웅변이 아니었다. 그것은 단순하고 직설적인 연설이자 호소였으며, 실질적으로, 영감된 구약성경의 예언을 인용해 그리스도의 부활 및 그의 승천 선물인 성령 강림을 입증한 설교였다.

현대의 설교가 이 오순절 설교의 모델로부터 완전히 떠나지는 않았지만, 그래도 상당히 떠나 있다는 사실을 감안하건대, 오늘날 오순절적 권능이 전부는 아니라 하더라도 상당부분 사라진 것에 대해 그리 놀랄 필요는 없을 것이다. 오늘날의 강단에서는 영감받은 구약성경의 예언에 호소하지 않고 그것을 그다지 사용하지 않으니, 어찌 된 일인가?

베드로는 청중에게 "내 말에 귀를 귀울이라"고 말하며 노골적으로 청중의 주의집중을 촉구한 후 이렇게 덧붙인다. "이는 곧 선지자 요엘을 통하여 말씀하신 것"이다. 이어서 베드로는 현재의 성령 부어주심과 이에 대한 수백 년 전의 영감 받은 예언이 일치하고 있음을 지적하고, 두 번째로, "이 말을 들으라"고 말한다. 나아가 예수님의 삶과 죽음, 부활을 이야기하면서, 다윗의 예언을 인용해, 이것이 그들의 목전에서 발생한, 부인할 수 없는 사실들과 정확히 일치함을 지적한다.

이상이, 본문에 기록된 대로는, 실질적으로 베드로가 행한 "설교"의 전부였다. 서론도 없고, 분명한 결론도 없다. 이것을 현대적인 의미의 설교라고 부를 수 있을지 모르나, 이것은 일반적인 설교학적 모델을 따르는 강론이 아니었으며, 인간 지혜의 언어나 구조적인 미사여구로 표현되지도 않았다. 다만 두 개의 구약성경 예언을 제시하고, 현재 일어난 사건들이 그 예언들과 일치함을 보여주었을 뿐이다.

그럼에도 이러한 설교는 좌우에 날이 선 성령이 검이 되었다. 그 검으로 거대한 군중이 "마음에 찔렸다." 현대의 설교자들도 이 성령의 검을 다시 한 번 의지해야 하지 않겠는가? 다윗이 거인 골리앗의 칼이 있다는 소리를 듣고, "그같은 것이 또 없나니 내게 주소서"라고 말했던 것처럼 말이다(사무엘상 21:9). 그것은 양면으로 쓸 수 있는, 양날 선 검이다. 날카로운 한 쪽 날은 예언이다. 그리스도의 강림 400년 전까지 그리스도에 관한 예언이 구약성경에 300회 이상 기록되었다. 다른 한 쪽의 예리한 날은 역사(歷史)다. 그리스도에 관한 예언은, 예보된 때에, 예보된 장소에서 정확하게 성취되었다.

이 양 날이 한 점으로 모이고 연합해 권능을 일으키며 사람들의 심령을 찌르고, 때로 심령을 갈라서 그 내면의 핵심까지 적나라하게 드러낸다. 현대는 사람들의 심령을 무관심으로 마비시키는 회의론의 시대, 의심의 시대다. 그럼에도 베드로처럼 이 검을 사용하는 자는, 역시 베드로처럼 이렇게 담대한 결론을 내릴 수 있다. "그런즉 이스라엘 온 집은 확실히 알지니, 너희가 십자가에 못 박은 이 예수를, 하나님이 주와 그리스도가 되게 하셨느니라"(사도행전 2:36).

시대적으로 그토록 먼 선대의 예언들, 세부적으로 그토록 상세한 예언들이 그리스도에게서 성취되었다면, 그 예언들은 하나님의 영감으로 주어진 게 틀림없으며 따라서, 성경이 신적인 책(冊)임을 입증해 준다. 또한 그리스도의 생애가 수백 년 전에 그려진 초상화와 이처럼 정확히 일치한다면, 그리스도는 하나님의 날인(捺印)을 받은 인물, 따라서 신(神)의 인격체임에 틀림없다. 그러므로 성령께서는 오늘날 크게 유행하는 두 가지 형태의 의심과 불신앙, 즉 성령의 권위를 의심하는 것과 그리스도의 신성(神性)을 의심하는 현상에 대해, 단 하나의 무기로써, 충분한 대답을 우리에게 주신 것이다.

이 오순절의 기사는, 나아가 **성령의 활동 방식**을 드러내 보여준다. 그리스도는 이런 말씀을 하셨다. "그가 와서 죄에 대하여 … 책망하시리라 … 죄에 대하여라 함은, 그들이 나를 믿지 아니함이요"(요한복음 16:8-9). 그리고 바로 이 사도행전의 사건은 성령이 이런 역사(役事)를 일으키시는 첫 사례다. 성령은 일을 시작하면서 먼저 사람들의 심령을 찔러 그들이 터놓고 묻게 만드셨다. "우리가 어찌 할꼬?" 이어서 성령은 그들을 진정한 회개와 믿음의 순종에로 이끄신다. 그러므로 그들은 베드로의 메시지를 흔쾌히 받아들이고 세례를 받아 그리스도로 옷을 입게 된다.

41절에는 다소 독특한 진술이 있다. "이 날에 신도의 수가 삼천이나 더하더라." 이 진술은 또 하나의 진술, 47절로 보강된다. "주께서 구원받는 사람을 날마다 더하게 하시니라." 이 두 구절에서 최상의 사본들은 "더하다"라는 동사를 수식 없이 독립적으로 사용했다(41절, 프로세테쎄산 προσετέθησαν. 47절, 프로세티쎄이 προσετίθει). 하나님은 교회 교인 숫자의 증가에 별 관심이 없으며 실질적으로 하나님께, 그리고 그리스도의 신비한 몸 안으로 들어오는 숫자의 증가에 큰 관심을 가지고 계신다. 그리고 성령만이 그리스도의 몸의 그런 실질적인 양적 증가를 일으키실 수 있다.

우리가 사도행전 2장을 떠나기 전, 그리스도 교회의 새 탄생에 성령께서 하신 역할을 한 번 더 일별해보자. **양적 증가**, 네 가지 일, 즉 사도의 가르침 받기, 교제하기, 떡을 떼기, 기도하기에 지속적으로 힘씀, 재물의 **공유**, 증언의 **일치**, 마음의 **하나 됨**, 영적인 **기쁨**이 교회 안에 있었으며, 그 동안 성령은 사도들을 통해 놀라운 기사와 표적을 일으키고 방관자들 사이에서 기이한 두려움과 무서움을 불러일으키셨다.

이와 같이, 사도행전 1장의 성령을 보내시겠다는 **약속**에 이어, 2장에서는 성령의 **오심**, **말하게 하심**, **부어짐**, **권능**이 추가되었다. 교회와 그리스도의 나라 안에서 성령의 경영이 시작되었음을 우리는 이렇게 목도한 것이다. 성령은 그리스도의 신비로운 몸을 조형하시고 그 몸에 새로운 지체들을 한 번에 다수로 더하셨을 뿐만 아니라 매일 더하셨다. 뒤의 사도행전 6:7에서는 "더해졌다(added)"라는 단어가 "폭증했다(multiplied)"로 바뀐다.

교회 안에서 성령의 거주와 다스림이 시작되고, 성령은 믿음, 소망, 사랑, 수고, 기도 및 온갖 형태의 교제와 증언에서 성도들을 하나가 되게 하신다. 모든 제자들이 거룩한 길로 들어가고, 사도들의 가르침받기와 교제하기에 지속적으로 힘을 쓰며 "모든 물건을 서로 통용"하는 등 상호적인 희생과 동정의 삶을 영위하게 되는데, 성령은 이 모든 일의 근원 역할을 하신다. 부요한 자들은 자신들이 소유한 것을 팔아 이를 재분배함으로써 모든 사람의 필요를 충족시켰다. 매일 매일이 안식의 예배가 되었고, 신적(神的)인 기사가 일어나는 거룩한 날이 되었다.

3장에서 베드로는 "유쾌하는 되는 날"을 언급한다. 그가 사용한 언어가 특이하다. 베드로가 이 때 상대하고 있는 청중은 유대인들이었다. 그는 말하다. "그러므로 너희가 회개하고 돌이켜 죄 없이 함을 받으라. 이같이 하면 새롭게 되는 날이 주 앞으로부터 이를 것이요"(사도행전

3:19). 이 구절 전체는 오랜 동안 주석가들에게 수수께끼가 되어 왔다. 이 구절의 진정한 의미를 조명해주는 듯한 유일한 해석은, 이 구절이 또 한 번의 보다 큰 성령의 부으심을 가리킨다는 것이다. 그 사건은 배교한 하나님의 백성(이스라엘)이 돌이키는 것에 어느 정도 달려 있을 것이다.

베드로가 이 말을 한 후부터 지금까지도(1895년 현재) 히브리 민족 앞에는 어떤 놀라운 일이 일어나지 않았으며 그 일은 미래에 올 것이다. 이를 인식하지 못하는 이는, 예언을 무심하고 부주의하게 읽은 독자라 할 것이다. 온 인류를 위한 보다 큰 축복이 히브리민족에게 달려 있다. 주님이 지상에 부재(不在, absence)하신 이후 지금까지 유쾌하게 하는 시대가 온 것은 맞다. 그리고 이것은 유대인들이 그리스도를 거부하고, 이방인들에게로 복음의 특권이 확장됨과 관련되어 있다.

그와 다른 또 하나의 유쾌하게 하는 시대는, "주님이 지상에 **임재하심**(presence)으로부터 올" 것이다. 그리고 이것은 유대민족이 그리스도를 받아들이고 그들이 전 세계적으로 복음 전파 활동을 하는 것과 결부되어 있다. 적어도 예언적 증언은 이 점에서 일치하는 것 같다.

이것이 이 사도행전 본문의 참된 의미라면, 다른 모호한 많은 것이 명백해진다. 예를 들면, 오순절은 이른 비였고, 나중에 올 늦은 비는 훨씬 더 풍성할 것이다. 전자는 모든 신자들에게 부어졌지만 후자는 "모든 육체에" 부어질 것이다.

바로 그 까닭에, 베드로는 그 날의 오순절 성령강림에 대해 "이제 선지자 요엘이 말한 것이 성취되었다"라고 선언하지 않고, 보다 조심스럽게, "이는 곧 선지자 요엘로 말씀하신 것"이라고 표현했다(사도행전 2:16). 다시 말해, 요엘의 말씀은 이 첫 오순절 사건의 정체를 밝혀주는 것이긴 하지만, 이 오순절 사건으로 그 예언의 성취가 끝난 것은 아니라는 사실이다. 유대인 청중의 회개 및 개종과 관련해 베드로는 유쾌하게 하는 또 하나의 시대, 모든 육체에 부어질 성령의 늦은 비를 예보했다. 그 때는 시대의 시초부터("영원 전부터," 아프 아이오노스 ἀπ' αἰῶνος 사도행전 3:21) 모든 선지자들이 예언해온 모든 일의 성취 시대, 완전 회복의 시대일 것이다.

　미래에 다시 한 번 성령이 더욱 충만하게 부어지고, 그 때 오랜 동안 눈이 멀었던 유대인들의 마음이 주께로 돌아가며, 그 때 주님이 친히 재림하신다는 이 개념은, 예언의 수수께끼들을 푸는 데 필요한 요소라고 생각된다. 오순절은 장래의 수확을 내다보는 "첫 열매"에 불과했다. 성령은 다시 완벽하고 위대하게 자기 권능을 나타내셔야 한다. 늦은 비는 훨씬 더 크고 풍성할 것이다.

3장
성령의 충만과 담대케 하심

사탄의 활동은, 제자들이 새롭게 분발할 때 언제나 증가한다. 성령의 불길이 타오르기 시작하자마자 핍박의 불이 점화되기 시작했다. 그리하여 사도행전의 다음 장, 즉 4장에서 우리는 사도 베드로와 요한이 투옥되는 장면을 보게 된다. 그들은 산헤드린 공의회 앞에 불려나가 성전 미문에 있던, 태어나면서부터 앉은뱅이 된 자에게 일어난 치유의 기적에 대해 설명해야 했다(사도행전 4:1-12).

"무슨 권세와 누구의 이름으로" 이 일을 행하였느냐는 그 오만한 질문을 받았을 때 "베드로가 성령이 충만하여" 대답했다. 성령의 충만이라는 이 문구는 사도행전 중, 여기서 두 번째로 등장했다(첫 케이스는 사도행전 2:4). 그러나 이번의 경우는 이 문구가 명백하게, 증언 시의 담대함과 관련해 사용되었다. 13절이 그 점을 밝힌다. "그들이 베드로와 요한이 담대하게 말함을 보고 … 이상히 여기며."[2] 이 구절은 사도들이 그리스도에 대해 증언할 때 보여준 담대함을 의도적으로 특별하게 강조하고 있음이 명백하다.

특히 베드로의 경우에는, 그가 전에 보여주었던 겁약한 태도와 심한 대비를 이루고 있다는 점에서, 이 담대함이 유달리 돋보인다. 바로 이 동일한 제자가 그리스도를 세 번씩이나, 그것도 점점 강도 높게 부인한 바 있었다. 이런 행위는 그 죄악성과 범죄성에서 가롯 유다의 비열한 배신

---

[2] "저희가 베드로와 요한의 담대함을 보고"(KJV). 피어슨이 사용한 성경은 영어흠정역이다.

에 버금가며, 그 저주받을 행위와 크게 다르지 않았다.

하녀 앞에서 겁을 내며 "내가 그를 알지 못한다"고 말했던 이 사람이 그의 스승을 십자가에 못 박는데 동의했던 가공할 통치자들의 공의회에 지금 담대히 맞서고 있는 것이다. 그리고 그는 조용히 말한다. "하나님 앞에서 너희의 말을 듣는 것이 하나님의 말씀 듣는 것보다 옳은가 판단하라. 우리는 보고 들은 것을 말하지 아니할 수 없다"(행 4:19-20). 그의 담대함과 용기는 이처럼 대제사장의 궁궐에서 보여주었던 심약함 및 비겁한 부인행위와는 극도로 생생한 대조를 이룬다. 이 모든 변화는 은혜의 성령이 가져다 준 것이었다.

더 나아가, 성령의 내적 충만은 증언 시에 유창한 달변을 가져다주었다. 그 전에 대제사장의 집 뜰에서는 베드로가 자신의 정체를 토로하거나 담대하게 말할 수 없었다. 그러나 이제 그는 그리스도를 증언하지 않고는 견딜 수 없었다. 예레미야처럼 하나님의 말씀으로 인해 베드로도 "마음이 불붙는 것 같아서 골수에 사무치니" 그리스도에 대해 증언하지 않으면 "답답하여 견딜 수 없었다"(예레미야 20:9 참조).

관원들 앞을 떠나 베드로와 요한이 자기 무리에게로 돌아간 후 동료 제자들과 함께 합심하여 기도할 때, 그 담대한 기백은 다시 한 번 뚜렷이 임하게 된다. 그들은 다음과 같이 간구했다. "주여 이제도 그들의 위협함을 굽어보시옵고 또 종들로 하여금 담대히 하나님의 말씀을 전하게 하여 주시오며 손을 내밀어 병을 낫게 하시옵고 표적과 기사가 거룩한 종 예수의 이름으로 이루어지게 하옵소서 하더라 빌기를 다하매 모인 곳이 진동하더니 무리가 다 성령이 충만하여 담대히 하나님의 말씀을 전하니라"(사도행전 4:29-31).

성령충만의 결과로 나타나는 증언시의 담대함은 본 4장에서 매우 두드러지게 부각되고 있다. 이런 배치가 만일 의도적인 게 아니라면, 본 장은 제자리를 벗어나 잘못 놓인 것이리라. 이 담대함의 요소는, 성령의 권능에 관한 일련의 점진적인 교훈들 가운데서 차례에 따라 나온 하나의 가르침이며, 그에 관한 교수 방식은 참으로 놀랍다.

심약하고 비겁하게 그리스도를 부인하던 자가 용기 있고 대담한 그리스도의 변호자로 바뀌었을 뿐만 아니라, 더 나아가서는 전 회중이 "담대히 하나님의 말씀을 전하게" 해 달라고 간구했으며, 그에 대한 응답은 그들이 바라던 바로 그대로 임했다. 성령이 충만해지자 담대함이 뚜렷이 나타났으며 그 무엇도 이 내적 성령충만을 제어할 수 없었다. 마치 모든 장벽을 허물고 모든 방해물을 휩쓸어버리는 거대한 홍수처럼, 그 성령충만은 스스로를 위해 언변이 흘러갈 통로를 파서 만드는 것 같았다.

어느 시대든, 하나님의 성령으로부터 태어난 그런 담대한 태도는, 하나님의 증인들에게 요구되는 첫 번째 필수 자질이다. 이것은, 엘리야나 세례요한처럼 사회를 종교적으로 개혁하는 모든 사람들, 혹은 하나님의 권능으로 하나님의 백성에게 말씀을 전하는 특별한 사자들의 두드러진 특징이었다.

인간의 타락 이후 진리와 경건은 절대다수의 목소리와 투표를 결코 지배한 적이 없었지만, 우리는 이 사실을 충분히 인식하지 못하고 있다. 우리 주님은 그 비교무쌍의 산상수훈에서 넓은 길과 다수의 무리는 항상 함께 간다고 가르치셨다. "좁은 문으로 들어가라. 멸망으로 인도하는 문은 크고 그 길이 넓어 그리로 들어가는 자가 많고 생명으로 인도하는 문은 좁고 길이 협착하여 찾는 자가 적음이니라"(마태복음 7:13-14).

이 가르침은 분명하다. 언제나 두 길만이 있고, 또 지금까지 있어왔을 뿐이다. 하나는 입구가 넓고 가는 길이 내내 넓다. 이 길은 언제나 다수가 선택한다. 다른 한 길은 입구가 좁고 가는 길도 내내 좁다. 이 길은 언제나 소수가 선택한다.

나아가 놀라운 역사적 사실이 또 있다. 어떤 운동이 처음에 영적 충격과 함께 시작되고 심지어 저항과 개혁의 정신으로 시작된다 하더라도, 그 운동이 점차 인기를 얻고 숫자적으로 강해지자마자, 이윽고 위험한 순간에 도달하거나 그렇지 않으면 재앙으로 끝나게 된다는 사실이다. 한 때는 들어가고자 할 때 값비싼 비용이 요구되고 따르기가 힘들었던 그 길이, 이제는 들어가기가 수월해지고 이에 상응해 따라가기도 유쾌해진다.

박해 가운데 태어나고 피로써 세례를 받은 교회가, 점차 숫자적으로 팽창하고 힘이 강해지자마자 교리적 신조들을 넓히며 세속적인 시대정신과 타협한다는 것은 역사의 역설(逆說)들 가운데 하나다. 한 때는 이단을 대항하는 일에 앞장서던 성도들의 집단이, 후에는 이단을 옹호하는 일에 앞장선 경우가, 역사적으로 두 번 이상 있었다. 그러므로 한 때 거룩한 삶을 위해 타인들로부터 자신을 분리시켰던 자들이, 후에는 거룩한 삶을 살고자 하는 자들로부터 분리되어야 할 필요도 생기는 것이다!

그러므로 담대함은 언제나 하나님을 위한 참된 증인에게 필수적인 자질이며, 그것은 성령이 주시는 담대함이어야 한다. 그렇지 않으면, 하나님께 적대적인 영들을 어떻게 식별할 수 있으며, 진리와 오류를 어떻게 분간할 수 있고, 대중성이라는 휘장 뒤에 숨은, 유력한 교훈과 유행하는 행태의 실질적인 특징들을 어떻게 통찰할 수 있겠는가!

성령이 주시는 담대함은 냉소파의 무분별하고 과격한 불만이 아니며, 성상(聖像)타파주의자의 파괴적이고 무차별적인 성상 깨뜨리기가 아니다. 그건, 쇠도리깨를 손에 쥐고, 공격을 유발한다는 이유로 무엇이든 닥치는 대로 분쇄해 버리는 교회 안의 탈루스가 아니다.[3]

성령이 주시는 담대함은, 무엇보다 먼저, 기존 관습과 견해들의 실질적 특성에 대한 뚜렷한 통찰로부터 온다. 다음으로 그 담대함은 사랑과 애정이 담긴 충성스런 간언(諫言)의 형태로 나타난다. 여하한 비용을 치른다 하더라도, 심지어 세례요한처럼 충성을 위해 목숨을 내어놓는다 하더라도 말이다.

오늘날 그리스도를 전하는 데 있어서, 성령충만으로부터 오는, 성령이 주시는 담대함보다 더욱 필수적인 자질은 없을 것이다. 바로 지금 세상과 교회 안에는 진화론의 철학사조가 점차 증가하고 있다. 이 사조는 창조와 타락에 대한 성경의 가르침을 부인할 뿐만 아니라, 예수 그리스도를 지금까지 진화되고 발전해온 중 최상의 생성물에 불과한 존재로 만들

---

[3] Talus: Edmund Spenser의 미완성 영어 서사시 *Faerie Queene*(1596년)에 등장하는 쇠로 된 인간을 말한다.

고자 한다.

나아가 진화론은 성경을, 가치와 미덕의 면에서 점차 진보하고 있는 여러 책들의 집합서로 격하시키려 한다. 인류가 그런 진보를 가능하게 했다는 것이다. 이에 따라 언젠가는 새로운 상황이 나타나, 보다 고상한 표준의 가르침이 가능하고 또 필요한, 그런 어떤 수준으로 인간을 격상시키면, 지금의 성경을 능가하는 것도 나올 수 있다고 한다!

물론 그런 철학 사조 안에는, 중생이나 부활 혹은 초자연적인 것이 들어갈 여지가 없다. 그럼에도 불구하고 그러한 사조가 대학들, 신학교들, 교회들, 강단들 안으로 급속히 침투해 들어오고 있다. 뚜렷한 시각으로 볼 줄 알고, 담대한 언어로 증언할 수 있는 사람이 얼마나 있겠는가!

우리는 깊이 확신하는 바이다. 만일 사도들을 충만케 하셨던 그 성령이 오늘날의 제자들에게도 그와 같은 방식으로 충만히 부어진다면, 소위 "고등비평" 같은 파괴적인 경향은 즉각 발견되고 폭로될 것이다. 사망의 넓은 길로 나아가고 있는 현대의 교리적 가르침과, 세상의 신을 경배하는 수많은 이들의 양태를 따라가고 있는 현대교회의 행위는 백일하에 드러날 것이다.

그와 같은 성령충만을 받는다면, 무서운 위험에 대한 새로운 자각이 일어나고, 산꼭대기마다 엘리야 같은 이들이, 헤롯의 궁전마다 요한 같은 이들이, 교회의 뜰마다 베드로 같은 이들이 다수 출현해 인기와 존경스러움으로 그럴듯하게 치장한 작금의 악행들을 강력히 꾸짖을 것이다.

우리는 거룩하고 담대한 태도, 용기 있고 냉담한 태도로 인간적인 견해에 맞서야 한다. 그래서 스스로가 하나님께 인정받는 자가 되기만을 애써야 한다. 독일의 신비주의, 합리주의, 신(新)신학이 대학의 가운을 입고 교회와 강단과 법정으로 들어올 때, "학문 없는 범인"(사도행전 4:13)으로 간주될까 두려워하지 않고, 감히 그에 맞서 싸울 자들이 하나님의 사역자들 가운데 얼마나 있겠는가? 하지만 그것은 사도들이 보여준 담대한 태도들 가운데 하나였다.

사람들은 학자들과 동급으로 평가받고 싶어 지나치게 안달이 나 있다.

그러므로 제아무리 치명적인 오류라 할지라도 그것이 학문이라는 반짝이는 뱀가죽을 입기만 하면, 그것은 교사의 의자와 설교자의 강단 속으로 슬며시 들어간다. 그리고 감히 이를 담대하게 때리는 자는 아무도 없는 것 같다!

그러나 지난 천 수 백년의 역사를 일별해 볼 때, 영웅적이고 고귀한 모습을 가장 두드러지게 보인 사람들은, 조롱과 증오, 죽음 자체에 직면하면서까지, 교리와 행위의 만연한 오류를 거리낌 없이, 용기 있게 꾸짖은 자들이었다.

나아가 이런 맥락에서, 놀랍고도 새로운 성령의 임재가 목격되었다(사도행전 4:31). "빌기를 다하매 **모인 곳이 진동하더니**." 성령의 임재는, 생명 없는 건물의 벽들조차도 생명의 성령의 권능을 감지할 정도로, 즉 물체가 영에 반응할 정도로, 놀랍고도 강력하게 나타났다.

일찍이 인간 역사상, 제사장들이 성전 안에 능히 서서 주님을 섬길 수 없을 정도로 그 안에 영광이 가득 찼던 때(열왕기상 8:11)와, "화답하는 자의 소리로 말미암아 문지방의 터가 요동"하던 때(이사야 6:4)를 제외하고, 이와 같은 현상이 나타난 적은 없었다. 이는 성령의 일하심에 대한 얼마나 놀라운 암시인가!

성령은 벽 속에 거주하지 않으셨지만 성령의 임재로 벽들이 진동했다. 건축용의 기둥이나 문설주, 석재나 목재 등은, 움직이는 것이 가능하지만, 거푸집에 들어가 다른 모양으로 빚어지는 것은 불가능하다.

그리고 이 구절에서 우리는 히브리서 6:4-6에 기록된 말씀의 의미에 대한 어떤 암시를 얻을 수도 있다. "성령에 참여한" 자들이 중생한 자들이라는 말은 없다. 그런 이들 가운데 "타락한 자들은 다시 새롭게 하여 회개하게 할 수 없다"고 했는데, 이들은 위로부터 태어난 적이 없는 자들일 것이다. 그들은 성령에 참여하긴 했으나, 이는 단지 생명 없고 활성 없는 물질인 건물의 벽이 흔들리는 것과 흡사했을 수도 있다. 이들은 성령 권능의 현현에 동참하긴 했으나 결코 성령을 받았거나 인정한 적은 없는 자들일 것이다.

　벨릭스는 바울이 강론할 때 두려워 떨었고, 아그립바는 바울이 선지서를 인용해 논증할 때 거의 설득을 당할 뻔했으나 둘 중 어느 누구도 제자가 되었다고 보기는 어려울 것이다. 그들은 건물처럼 흔들리긴 했으나 인격적으로 변화되지는 못했다.

　제자들의 온갖 회중 가운데서 "부흥"의 현장을 경험하는 이들은 많다. 그들은 마음이 깊이 움직이고 심오하게 감동하며 때로는 그들의 존재의 토대 자체까지 흔들린다. 그들이 성령의 권능과 임재를 느끼긴 하지만, 그럼에도 생명 없는 벽과 기둥, 문설주처럼 잠깐 진동하다가 본성적으로는 변화되지 못한다. 움직이긴 하지만 조형(造形)되진 못한다. 혹은 "스데반이 지혜와 성령으로 말함을" "능히 당치 못"함에도 그에게 돌을 던진 자들처럼, 계속 저항하다가 스스로 파멸을 당하는 이들도 있다.

　그러나 성령 권능의 이런 현현은, 담대히 복음을 전하게 해 달라는 기도의 응답으로 나타난 현상이다. 그러므로 이것이 그들에게 어떤 확신과 용기를 고무시키기 위해 주어진 현상임은 의심할 나위가 없다. 즉, 그들이 비록 소수이고 연약한 존재들이라 하더라도 하나님께서 그들과 함께 계시며, 이처럼 건물의 벽까지 흔들 수 있는 분이 강퍅한 모든 심령들과 잔인한 원수들까지 뒤흔들 수 있고, 그 분이 원한다면 감옥의 문도 열 수 있으며(뒤에 그렇게 했듯이), 헤롯을 치듯 사람을 쳐서 죽음에 이르게 하실 수도 있다는 것이다.

　제자들은 치유 권능의 표적들이 나타나고 담대한 마음을 얻게 해 달라고 간구했다. 그러나 성령은 그들이 구하지 않은 다른 표적도 주셨다. 치유의 권능을 경험할 수 없는 건물의 벽이 흔들린 것이다. 하나님의 개입을 위해 기도할 때 우리가 마음에 품어야 할 한 가지 커다란 소원은, 복음을 전할 때 더욱 담대해지기를 원해야 한다는 것이다. 하나님이 권능의 손을 거두실 때 이에 비례해 우리의 입도 얼마나 쉽게 닫히는가!

　하나님이 강력하게 역사하시지 않으면 우리가 담대히 말할 수 없다. 그러므로 하나님의 권능이 우리의 복음 전파에 동반하도록, 우리가 또 다른 보혜사 성령에 힘입어 담대히 복음을 전할 수 있게 해 달라고 믿음으로 간구하는 것이 마땅하다. 성령은 친히 우리에게 증언하시고 우리의 메시지를 자신의 것으로 인(印) 치시기 때문이다. 하나님이 확증의 권능으로 사람과 사람의 메시지 배후에서 확실하게 역사하실 때, 우리는 용기 있고 자신 있게, 능히 담대히 말할 수 있다. 메시지를 확증해주시는 그런 공동증인(co-witness)이 없다면 우리는 결코 안심할 수 없다.

4장
성령의 임재(presence)와 주재(主宰)

"임재(臨席, presence)"라는 단어는 우리가 보다 바르게 사용할 때, 인격성을 내포하게 된다. 성령행전 5장에서는, 성령께서 교회 안에 임재하시고 교회를 주재하시는 인격체라는 사실이, 명명백백하게 드러난다. 아나니아와 삽비라는 성물(聖物) 사취 죄를 공모해, 이미 하나님께 드려, "바친" 물건 가운데 있어야 할 것들의 일부를 빼돌림으로써, 아간의 그것(여호수아 7:21-26)과 유사한 죄를 범하고 형벌을 받았다.

그러나 아나니아와 삽비라의 사건에서 주목할 만한 점은, 아간 사건과의 이런 유사성이라기보다, 성령의 개체성, 인격성, 현장에 임재하심, 주재하심에 대한 간접적이지만 의심할 여지없는 증언이다. 베드로는 아나니아에게 말했다. "어찌하여 사탄이 네 마음에 가득하여 네가 성령을 속이고 땅 값 얼마를 감추었느냐?" 그리고 뒤에 삽비라에게 이렇게 말했다. "너희가 어찌 함께 꾀하여 주의 영을 시험하려 하느냐?" 또한 베드로가 아나니아를 꾸짖을 때 다음과 같은 말을 추가했다는 점도 유의해야 한다. "사람에게 거짓말 한 것이 아니요 하나님께로다"(사도행전 5:3, 4, 9).

따라서, 이와 같이 간략히 기록된 이 하나의 사건에서, 우리는 다음과 같은 세 가지 사실들을 인상 깊게 느낄 수 있다. 이것은 어떤 논증이나 직접적인 확언이 필요 없는, 단순한 사실의 형태를 띠고 있으므로 한층 더 깊은 인상을 준다.

1. 성령은 인격적 속성들을 지닌 **인격체**이시다.

2. 하나님의 영은 신성을 가지고 계실 뿐만 아니라 신격(神格) 그 자체인 **하나님**이시다.
3. 성령은 교회 안에 **임재해 계시며** 교회를 주재하신다.

만일 성령이, 혹자들이 주장하듯, 우리가 신체로부터 숨을 내뿜듯이 "하나님으로부터 나오는 옅고 흐릿한 발산물"에 불과하다면, 본문에서 사용된 이런 언어는 터무니없이 부적절할 것이다. 사람이 어떤 감화력 혹은 발산물에 대해 "거짓말할" 수 없고, 인격체가 아닌 어떤 것을 "시험하고" 속일 수 없다는 것은 명백하다. 더구나 아나니아가 "성령께" 거짓말한 것은 "사람에게 거짓말 한 것이 아니요 하나님께" 거짓말한 것이라고 베드로는 분명하게 확언한다.

더 나아가, 베드로가 명목상, 외견상으로 현장을 주재하는 공무자였지만, 이 가시적인 리더의 배후는 불가시적인 임재자, 실질적으로 교회를 주재하시는 분이었으며, 베드로는 단지 도구와 대리자에 불과했다. 따라서 그 거짓말은 인간들이 아닌 하나님을 향한 것이었으며, 이 사기와 성물사취죄로 부부는 하나님의 성령을 시험하고 있었던 것이다.

그렇다면, 성령의 실제적인 일하심에 관한 이 계시에서 우리는 또 하나의 독특한 단계에 도달한 셈이다. **그리스도의 몸인 교회에 임재해 계시고 교회를 주재하시는 삼위일체 하나님의 한 인격**을 우리가 지금 다루고 있는 것이다. 그리고 앞에서 잠깐 언급했듯이, 이 가르침은, 어떤 논증, 부연, 설명 등이 없으므로 더욱 강력하다.

이 교훈은 본문에서, 의심의 대상이 될 만하거나 매우 신기하고 깜짝 놀랄만한 어떤 진리처럼 제시된 것이 아니라, 지극히 자연스럽고 필연적인 형태로 나온다. 여기서, 성령은 만사를 주관하시는 수장으로 인식되고 있으며, 그의 머리되심은 결코 의심하거나 논박할 수 없는 것처럼 묘사되었다. 거룩하지 못하고 불경스럽거나 모독적인 언행은 보이지 않는 이 임재자에 대한 모욕이었다. 그러므로 성령의 존엄한 주재 가운데서, 인간은 간과되었다. 진일보한 이 교훈은 극도로 중요한 가르침이다.

우리가 성령을 개체적, 인격적, 신적인 존재로 생각하지 않는다면, 그것은 성령을 바르게 대하는 것이 아니다. 성령을, 태양으로부터 발출되는 빛처럼, 하나님이 발휘하시는 어떤 감화력 정도로만 생각하는 이들은, 사도행전을 거의 헛되이 읽은 자들이다. 성령은 사도행전 도처에서 인격체로서 간주되고 있다. 성령이 인격적 속성들을 가진 것으로 묘사되고, 성령을 인격적 존재로서 단언하는 주장은 명시적으로 나오거나, 혹은 암시적으로 나오기도 한다.

성령이 신자들 속에 내주하고 제자들의 집단을 자신의 거처로 삼으신다는 사실, 성령이 그들 안에서, 그들을 통해 일하며 거룩한 인격과 행동을 계발시키고, 하나님의 나라를 위한 거룩한 섬김을 지휘하신다는 사실을 강력하게 보여주는 것이, 아마도 사도행전의 주된 목적일 것이다.

본문의 이 짧막한 이야기를 잠시만 더 고찰해보면, 하나님을 위한 참되고 거룩하고 유익한 방식의 모든 활동, 하나님을 전하기 위한 모든 언어, 하나님의 일을 진척시키기 위한 모든 발걸음, 하나님의 영광을 위한 모든 계획은, 직접 성령의 감동을 받아 성령께로부터 나오게 되어 있다는 사실이 보다 명백해질 것이다.

아나니아와 삽비라에 대한 심판 행위는, 성령께서 교회 안에 임재하시고 교회를 주재하신다는 사실이 실제의 현실임을, 더욱 생생하고 더욱 무섭게 보여준 사건이다. 부부는 즉각적으로 타격을 받아 죽었다. 베드로는 공포를 유발하는 말을 거의 하지 않았다. "사람에게 거짓말한 것이 아니요 하나님께로다"라고 말했을 뿐인데, 그 때 아나니아는 "엎드러져 혼이 떠났다."

베드로가 또한 아나니아의 아내 삽비라에게, 부부가 한 통속이 되어 주의 영을 시험하려 한다며 유사한 꾸짖음의 말을 하자마자 그녀도 "곧 베드로의 발 앞에 엎드러져" 죽었다. "온 교회와 이 일을 듣는 사람이 다 크게 두려워"한 것은 극히 당연하다!

성령은 무엇보다 사랑과 은혜의 영이시다. 성령이 그리스도가 세례를 받으실 때 비둘기 형태를 취하신 것은, 비둘기가 새들 중 가장 애정적이기 때문일 것이다. 그러나 성령은 또한 진리의 영이시며, "중심이 진실함을" 원하고 요구하신다(시편 51:6). 성령은, 사법적 형벌을 가함으로써 자신의 두려운 실제적 현장 임재와 자신의 영광을 위한 질투심을 단 한 번만이라도 강력히 주지시키는 것이 필요하다고 생각하셨다. 그 후 그와 같은 일은 성령의 활동에 대한 기록에서 두 번 다시 등장하지 않는다.

이 교훈은 성도들에게 필요했으나 특히 죄인들에게 절실하게 필요했다. 세상은 성령을 보지 못하며 알지도 못한다. 성령은, 성령을 받을 수도 없고 알 수도 없는 건물을 "진동"시키셨듯이, 이제 이에 관한 소문을 들은, 신자들의 모임 밖에 있는 자들까지도 성령의 현장 임과 권능을 인정하고 두려움에 떨게 만드신다.

지금은 그런 성물사취의 죄에 대해 더 이상 이와 같은 즉각적인 심판이 임하지 않는다 하더라도, 명목상의 제자들이 성령에게 거짓말을 하고 성령을 시험하며 성령의 것을 사취(詐取)할 때 성령은 그에 못지않게 불쾌해하신다.

하나님은 사법적 형벌에 있어서 어떤 일정한 정책을 취하고 계시는 것 같다. 하나님은 어떤 현저한 형태의 죄악들에 대해, 각각 한 사람에 대해서만 형벌을 가해, 단 한번 본때를 보이신다. 예를 들면, 가인의 살인죄, 롯의 아내가 미련을 떨치지 못하고 뒤를 돌아본 일, 아간의 성물 절취, 고라의 주제넘은 행동, 웃시야의 권한 남용, 사울왕의 불순종 등이 그것이다. 그 후에는 그와 비슷한 범죄에 대해, 그와 유사한 형벌이, 있더라도 드물게 시행된다.

이와 같이 깜짝 놀랄만한 하나의 본보기를 통해, 특정 죄악에 대해 정당한 심판을 가함으로써 그 죄에 대한 하나님의 혐오감을 표명하고 보여주는 것이 아마 하나님의 의도였을 것이다. 말하자면, 특정 형태의 악행에 대한 하나님의 거룩한 증오심을 보여주는 것으로 하나의 영구한 기념물 같은 것을 세워, 그 후로는 다른 유사한 행악자들이, 오랫동안 갇혀있던 하나님의 진노가 마침내 폭발할, 최후 심판의 그 날까지 스스로를 억

제하도록 하기 위해서 말이다.

이 세상에 그런 심판이 드물거나 혹은 단 한 번 밖에 나타나지 않았다는 사실로부터, 우리가 이제는 하나님의 마음이 바뀌었다고 추론하면 안 된다. 예전에 하나님이 심판하셨던 그 죄는, 지금도 여전히 극심한 죄악이고 극도로 혐오스러운 것이며 응분의 벌을 받아 마땅한 것이다.

그런 단독 사례는 하나님이 그 죄에 대해 어떻게 생각하시는지를 보여주는, 무서운 영구적 기념물 역할을 한다. 이해력이 있는 자들은, 그러한 형벌의 모든 사례가 각각 불꽃의 글자들로 역사(歷史)의 지면 위에 다음과 기록하고 있음을 알 것이다. 오, "너희는 내가 미워하는 이 가증한 일을 행하지 말라!"(예레미야 44:4).

또한 지금은 사람들이 성령께 대한 범죄를 빈도 높게 저지르지 않고 있다거나, 사람들이 그런 범죄를 저지를 때 언제나 즉각적인 형벌이 주어지지 않고 그런 범죄가 간과된다고, 우리가 성급하게 추론해도 안 된다. 지금도 수시로 많은 이들이, 악명 높은 범죄자들에게 하나님의 무서운 형벌이 임했다는 소식들 듣고 두려워한다.

요한 웨슬리와 찰스 웨슬리 형제의 놀라운 생애를 익숙히 아는 자들은 초자연적 형벌이 임한 사례를 적어도 한두 가지 이상은 기억할 수 있을 것이다. 예를 들면 이런 일도 있었다. 찰스 웨슬리가 잉글랜드, 콘월(Cornwall)의 세인트 저스트(St. Just)에서 부흥집회를 하고 있는 동안, 유스틱(Eustick)이라는 이름의 한 기사(squire: knight의 아래)가 그 모임을 파하고 참석자들을 내어 쫓기 위해 회중 안으로 한 무리의 사냥개들을 몰아넣었다. 그 시대에는 이런 방식의 훼방이 드물지 않았다.

이 때 주의 백성 다수가 현장을 피해 어느 넓은 부엌에 와서 함께 모여 있었다. 거기서 기도회가 개최되었는데, 참석한 자들이 전에 경험했던 모든 집회를 능가할 정도의 비상한 권능이 그곳에 임하였다. 그리고 예배가 끝나자 웨슬리 씨는 마치 예언적인 환상을 본 듯, 일어나서 극도로 엄숙하고 신중한 태도로 말했다. "오늘 여러분을 괴롭힌 그 사람은 이제 영원히 여러분을 괴롭히지 못할 것입니다"(Life of Mrs. Booth I, 462).

그 직후 유스틱이라는 사람은, 미쳐서 헛소리를 지껄이다가 최후 심판을 맞았다.

우리 시대(본서는 1895년작)에도 유사한 일이 있다. 미국 주 정부 수도들 가운데 한 곳에서, 한 경건한 성직자를 해임하고 쫓아내려는 어떤 음모가 꾸며지고 있었다. 그 성직자는 보기 드문 충성심으로 수많은 해에 걸쳐 교회를 섬겨왔었다. 그의 유일한 결점이 있다면, 나이가 많다는 것이었다.

주일(主日) 오전 예배가 끝나고 모임을 열어 그를 강제로 사임시키자는 게 그 음모의 계획이었다. 그 일을 행동에 옮기로 되어 있던 바로 그 주일 아침, 바로 그 시간에, 그 음모의 성공을 좌우하고 있던 최고 주동자가 쓰러져 죽었다. 이 소식을 들은 모든 사람에게 두려움이 엄습했다.

1889년 열두 명의 젊은이들이 술잔치를 벌이고자 어느 호텔 식탁에 모였다. 그들이 자신들의 숫자를 열두 명으로 맞춘 것은, 최초에 있었던 주의 만찬 때 사도들의 집단이 열두 명이었기 때문이다. 그러나 이는 성만찬 조롱 잔치를 열기 위한 조처였다. 밤중이 되기 전, 그 일의 주도자가 죽었다. 그러자 그 무리의 나머지 젊은이들은 모두가 거의 무덤 언저리까지 갈 정도로 죽을 것 같은 고통에 빠졌!

어느 교회에 관한 또 하나의 사례를 들겠다. 그 교회의 목회자는 교회 생활을 통한 영적 성장과 교회 행정을 위해 모종의 조처들을 세워놓고 있었는데, 교회 안의 약 30명쯤 되는 교인들이 함께 공모해 이를 분쇄했으며, 마침내는 그 목회자를 다른 지역으로 내쫓고 말았다. 목회자가 그 읍을 떠날 때, 그에게 갑자기 어떤 생각이 번쩍 떠올랐다. 그가 성령을 대신해 계획했던 것을, 한데 결속해 훼방 놓았던 그 사람들이 모두 빠짐없이, 이미 어떤 형태의 신적 심판 혹은 징벌을 받았다는, 그런 생각이었다.

성령이 특별하게 충만했던 사람, 보스턴의 고(故) 고든(Adoniram Judson Gordon, 본서의 서두 헌정시에 나온 그 인물임 – 역자주) 박사는, 성령께 항거했던 개인들과 교회들이 비상한 심판을 받은, 깜짝 놀랄 만한 사례들을 그가 알고 있는 대로 소개하곤 했다. 성령 하나님은 침묵하고 외견상 무관심하신 것처럼 보일 수 있으나 하나님은 죽지 않으셨다.

본 사도행전 5장에서 사도들이 자신들의 권위에 불복종한다는 이유로, 공의회가 4장에 이어 한 번 더 열리고 사도들이 피고로 소환되었는데, 베드로는 그 앞에서 이렇게 말한다. "사람보다 하나님께 순종하는 것이 마땅하니라. … 우리는 이 일에 증인이요 하나님이 자기에게 순종하는 사람들에게 주신 성령도 그러하니라"(사도행전 5:29, 32).

사도행전 가운데서는, 이 대목에서 처음으로 성령의 증언이라는 개념이 등장한다. 성령의 사역에 관한 그리스도의 가르침 가운데서, 이 공동증인이라는 개념이 두드러지게 나타난 바 있다. "내가 아버지께로부터 너희에게 보낼 보혜사 곧 아버지께로부터 나오시는 진리의 성령이 오실 때에 그가 나를 증언하실 것이요 너희도 처음부터 나와 함께 있었으므로 증언하느니라"(요한복음 15:26-27).

그리고 사도행전의 본문에서 그리스도의 이 가르침이 실제 사례로 입증된다. 이 공동증언에 관해 다음과 같은 가지 세 가지 관점으로 이야기할 수 있다.

1. 성령은 우리에게 그리스도에 대해 증언하신다. 그것은 **계시다**.
2. 우리는 성령에 의해 그리스도에 대해 증언한다. 그것은 **복음의 선포다**.
3. 성령은 우리에 대해, 그리고 우리의 증언에 대해 증언하신다. 그것은 **증명이다**.

이 세 가지 가운데 어느 하나라도 간과하면, 우리가 성령의 공동증언을 바르게 감식할 수 없다. 성령이 우리의 눈을 열어 주님의 권능과 아름다우심을 계시해주실 때에만 우리 스스로가 진정으로 그리스도를 이해하게 된다. 그리고 오직 성령이 우리의 증언에 권능을 부여하셔야만 우리는 그리스도에 대해 진실과 권능으로 증언할 수 있다. 나아가 성령만이 일으키실 수 있는 표적과 기사가 우리의 증언에 동반하지 않는다면, 우리의 증언은 확증과 증명의 힘을 결여하게 될 것이다.

우리가 고찰하고 있는 이 위대한 주제(성령)의 점진적 발전에서 성령에 관한 본문의 새로운 언급이 차지하고 있는 위치를 감안하건대, 성령의 일하심에 대한 어떤 부수적인 교훈도 분명히 있는 것 같다. 우리가 여태까지 살펴보았듯이, 오순절 이후로 계속해서 성령은 인간들 사이에서 강력한 역사를 일으키시며 진리의 검으로 사람의 심령을 찔러 수천 명을 회심시키는가 하면, 제자들의 마음에 초자연적인 담대함을 부어주시고, 나아가 건물의 벽들을 진동시키며, 성물사취에 대해 징벌을 가하심으로써 사람들로 하여금 두려워 떨게 만드셨다. 그리고 이제 사도행전의 현 본문에서 우리가 배울 수 있는 바는, 지금까지 일어난 그 모든 사건들이 성령께서 이 비천한 제자들의 증언을 확증해 주시는 한 방법이라는 것이다.

제자들은 비록 소수이고 미약했지만, 강한 하나님이 그들과 함께 계셨다. 그 하나님은 놀라운 표적들을 통해, 제자들의 전도가 어떤 높은 권위에 힘입고 있다는 사실, 따라서 제자들이 하나님께 순종하기 위해 사람에게 불복종할 수밖에 없다는 사실을 보여주심으로써, 그들의 증언에 무게를 보태주셨다.

나아가, 우리가 성령의 공동증언을 누릴 수 있는 위대한 조건이 무엇인가를 본문은 적극적으로 선포한다. 그것은 **순종**이다. 성령은 순종하는 모든 영혼들에게 주어진다. 그러므로 불순종은 성령의 지극히 보배로운 온갖 은사들을 박탈시킨다. 그리고 성령의 본질적인 권능이 우리에게서 물러갔다면, 다시 말해, 우리의 설교와 가르침과 복음 전도가, 확증해주시는 성령의 공동증언을 어느 정도 현재 결여하고 있다면, 그것은 우리가 신앙성경의 모델들로부터 떠났기 때문이 아닐까?

좌우간 우리가 다른 어떤 패턴을 좇음으로써, 혹은 우리 자신의 고안물을 의존함으로써, "우리의 증언을 상실"하고 있었다면, 또한 여태까지 성령의 증언과 증명을 상실했을 것이며, 우리의 복음 선포도 형식적이고 무기력해졌을 것이다.

박해를 당하는 이 초라한 성도들의 언변에는, 틀림없이 어떤 기이한 신적 지원(支援)이 수반되었을 것이다. 지혜로운 정치가 가말리엘조차도 그 사실을 감지했던 것 같다. 그러므로 그는 순전히 세속적인 정책이 논의되고 있는 이 현장에서 산헤드린의 동료 의원들에게 이 사람들을 내버려두라고 충고한다. 그는 말했다. "이제 내가 너희에게 말하노니 이 사람들을 상관하지 말고 버려 두라 이 사상과 이 소행이 사람으로부터 났으면 무너질 것이요 만일 하나님께로부터 났으면 너희가 그들을 무너뜨릴 수 없겠고 도리어 하나님을 대적하는 자가 될까 하노라 하니"(사도행전 5:38-39).

이어서, 원수들이 공포에 사로잡혀 있는 동안, 제자들은 인간들의 권위나 위협을 두려워하지 않는 가운데 공의회 면전을 떠났다. 인격적 고통과 수치를 당한 값으로 하나님의 성령과의 공동증인이 되는 특권과 영광을 누린다는 사실에 대해 제자들은 성령 안에서 기쁨이 충만했으며, 예수님이 그리스도이심을 매일 계속해서 전파했다.

여기서 우리가 배우고 있는 이 새로운 교훈들을 다시 한 번 성찰하고 지나가자. 성령의 공동증언이 있다. 그것은 순종하는 모든 영혼들에게 주어진다. 사도들처럼, 부활 승천하셔서 영화롭게 되신 그리스도에 대해 증언하는 것을 자신의 인생 목표로 삼고 있는 사람들은, 성령께서 자신들의 증언에 성령의 증언까지 보태신다는 사실을 깨닫게 될 것이다.

성령은 어떻게 자기 증언을 보태시는가? 성령은 그들에게 발언을 주신다. 그리하여 그들의 증언은 성령의 증언이 된다. 또 성령은 그들에게 담대함을 부어주신다. 그리하여 그들의 원수들조차도 두려움에 사로잡힌다.

그러나 그들의 전도 말씀을 확증하기 위해서는, 이와 다른 형태의 합력 증언(joint testimony)도 필요하다. 이것을 가리켜 공동증언(co-witness)이라 표현하기는 어려울 것 같아 이런 용어를 쓰는 바이다. 아무튼 성령께서 사도들의 증언이 신적인 것임을 증명하셨다는 사실은 성경의 다른 곳에도 기록되어 있다. "하나님도 표적들과 기사들과 여러 가지 능력과 및 자기의 뜻을 따라 성령이 나누어 주신 것으로써 그들과 함께 증언하셨느니라"(히브리서 2:4).

사도행전의 본문은 베드로와 그의 동료 사도들이 공의회 앞에 두 번째로 출두했을 때 일어난 일이다. 이전의 첫 번째 출두에서는 베드로와 요한의 담대한 증언 때문에, 그리고 성령의 공동증언 즉 사도들과 함께 서 있는 병 나은 사람 때문에, 이 통치자들이 당혹해마지 않았었다. 그러므로 통치자들은 이를 반박할 명분이 없었고, 그 괄목할 만한 기적이 실제로 일어났음을 시인하지 않을 수 없었다.

그리고 지금은 사도들이 공의회 앞에서, 사람보다 하나님께 순종하는 것이 마땅하다는 도전적인 말을 함으로써, 하나님께 순종하지 않을 경우 성령의 공동증언이 박탈당할 것이라는 위대한 진리를 공공연히 선언한다! 본문에서, 거룩한 삶과 강력한 복음 설교에 관해 얼마나 풍요로운 교훈이 흘러넘치고 있는가!

5장
성령의 사역(使役)과 성령의 권위

　사도행전 6장에서는, 성령의 능동적인 교회 행정이, 구제 대상에서 빠진 빈민들을 돌보기 위한 하위 직분자들을 선택하는 형태로 처음 나타난다. 이 성령행전 6장은 새로운 직분자, 즉 집사 선출의 필요성을 소개한다. 여기서 우리가 배워야 할 것은, 그 직분자가 "성령 충만"해야 한다는 것이, 직분자의 핵심자질로 제시되고 있다는 점이다. "형제들아 너희 가운데서 성령과 지혜가 충만하여 칭찬 받는 사람 일곱을 택하라 우리가 이 일을 그들에게 맡기고"(사도행전 6:3).
　하나님의 성령은 교회 안에서, 교회 사역의 어떤 분야를 인간의 손에 위탁함에 있어서 자신의 머리되심을 양보하지 않으신다. 그 뿐만 아니라 그런 일을 위임받은 자들은 모두 성령과 협동할 수 있어야 한다. 그러므로 성령의 권위로 교회 행정을 집행하는 자들은 스스로가 성령으로 충만해야 하며, 그리하여 자신들의 사역이 성령 그 자신의 사역으로 나타나게 해야 한다. 현세적인 재산과 금전 분배를 취급하는 직분자조차도 성령으로 충만한 사람이어야 한다. "속된 인간들"은 그리스도 교회의 사역과 행정에 간여할 여지가 절대로 없다. 그 모든 일이 성령께는 "신성한" 것이다.
　이것은 진실로 교회 운영에 관한 아주 독특한 교훈이 아닐 수 없다! 이 점을 강조하기 위해 다시 되풀이해서 말한다. 속된 인간들, 세속적 형태의 인격과 세속적 정신을 지닌 사람들은 그리스도의 교회 안에서 차지할 위상이 없다. 더구나 그들이 공식적인 직위를 맡지 못한다는 것은 말할 나위도 없다. 그 직위가 설사 "세속적인" 일들을 집행하는 직분이라 하더라도, 그리고 당사자들이 비록 정직하고 지혜롭다는 평판을 듣고 있는 사람들이라 할지라도 그렇다. 자연인("육에 속한 사람")은 설사 그가 이 세상의 통치자라 하더라도, 성령의 일들을 받을 수 없다. 성령의 일은 영적으로만 분별되기 때문이다(고린도전서 2:8, 14).

그러므로 우리가 영적 자질에 대한 고려 없이 성령을 받지 못한 사람들을 선택해, 교회 안의 어떤 공식적인 직위를 그들에게 맡기거나 그들이 그런 직위를 점유하도록 허용한다면, 이는 우리가 성격상 신령하지 못한 교회행정도 있다고 시인하는 것이나 마찬가지다. 이것은 성령께 대한 범과이며 성령의 머리되심에 대한 실질적인 저항이다. 우리가 주저 없이 부언하건대, 심지어 그것은 성령을 통치의 보좌로부터 실제적으로 끌어내리는 행위라고 할 수도 있다!

이런 말이 극단적인 입장이라고 생각하는 사람이 있다면, 여타 비즈니스 분야에서 어느 법인체로부터 그 집단을 지배하고 통솔하는 수장의 해임이 요구될 때 통상적으로 취하는 과정이 무엇인가를 고려해보라. 예컨대, 어느 회사에 사장이 있는데, 모종의 이유로 그를 조용히 "내쫓거나" 해임하는 것이 바람직해 보인다고 가정해보자. 그 경우, 예하 임원들과 이사회 안에는, 회사 운영 방법론과 운영 정신에서 그 사장을 반대하는 사람들이 점점 증가하게 될 것이다. 그들은 조용히 사장의 조치들에 대항하고 사장의 계획들을 방해하며 사장의 정책을 훼방 놓을 것이다. 그 사장은, 폭력적인 대항에 부딪히지는 않는다 하더라도, 협조와 지지 대신 방관과 무관심에 봉착할 것이다. 마침내 사장은 더 이상 직무를 지휘할 수 없고, 자신이 올바른 행정 정책으로 간주하는 것을 수행할 수 없으므로 사임할 것이다.

하나님의 성령은, 비둘기장에 내려 앉아 쉬기를 갈망하지만, 또한 소심하여 쉽게 달아나버리는 비둘기와 같다. 성령은 어느 사람이나 집단의 의지적 동의가 없으면, 결코 그들을 지휘하지 않으신다. 성령의 행동방식은 강제적이지 않고 설득적이다.

성령은 마음이 여린 부모처럼 쉽게 "근심하실" 수 있고, 깜빡거리는 불꽃처럼 쉽게 "꺼질" 수 있다. 우리가 어린애처럼 판단실수와 오류를 범하고 심지어 죄에 빠질 때조차 성령이 제아무리 참아주신다 하더라도, 성령의 통제를 원치 않는 어떤 주체가 있다면 성령은 그를 지휘하시지 못할 것이다. **불순종은 실제적으로 성령을 쫓아낸다.**

불경건한 사람들, 혹은 성령에 대한 영적 지식도 없고 성령과 협동하기에 적합하지 못한 사람들, 성령의 권위로 성령의 정신에 따라 교회를 운영할 마음도 없으며 그럴 역량도 갖추지 못한 사람들이, 교회 안의 어떤 공식적인 직무에 취임한 것을 성령이 보실 때, 성령은 그 자리에서 물러나실 것이라고 우리가 말한다면 그 말이 지나친 말이겠는가? 한 개인은 물론 하나의 교회까지도 성령을 슬프게 하고 소멸시킬 수 있을 뿐만 아니라 성령께 대항해 실제적으로 사(赦)함 받을 수 없는 죄를 범할 수도 있다. 이를 믿을 만한 근거는 충분하다. 사실 다수 교회의 역사(歷史)가 이를 보여준 바 있다.

1세기 전(18세기), 조지 휫필드의 사역에 동반된 은혜로운 감화력을 고의로 거부하고 그의 설교에 따르는 부흥의 권능을 의도적으로 받아들이지 않던 특정교회들은, 오늘날까지도 영적 불모상태와 사망상태의 저주 아래 놓여있다. 기타 어떤 교회들은, 스스로 기꺼이 빠져 들어간 마귀의 올무로부터 아직 벗어나지 못하고 있으며, 한편 적지 않은 교회들이 그와 유사한 성격의 죄악들 때문에 제자리에서 사라졌다.

반면에, 교회의 직분을 위해 철저히 영적인 사람들을 선택했을 때 얼마나 위대한 결과가 뒤따랐는가!

이 일곱 집사의 선택은 시종일관 극히 경건한 절차를 따랐다. 어떤 종류의 사람들을 선택할 것인가에 대한 사도들의 제안에 회중은 만장일치로 동의했다. "온 무리가 이 말을 기뻐하였다"(사도행전 6:5). 첫째로 선택된 사람은 스데반이었다. 그에 대해서 "믿음과 성령이 충만한 사람"이라고 명백히 기록되어 있다. 두 번째는 빌립이었다. 이 두 사람을 둘러싸고, 사도행전의 영광스러운 역사(歷史) 가운데 얼마나 많은 일이 벌어지는가! 스데반은 사도교회의 첫 순교자였으며 빌립은 사도교회의 첫 평신도 복음전도자였다.

처음에 순전히 물질적 직무를 위해 선정된 이 두 사람은 아마 나중에, 사도 시대의 여타 짝을 이룰 만한 어떤 2인보다, 그리스도 교회의 역사와 영적 생활에 지대한 영향을 미쳤을 것이다. 물론 바울과 베드로, 야고보와 요한, 바나바와 아볼로 같은 2인들을 제외한다면 말이다.

스데반의 순교는, 아마도 다소의 사울에게 최초로 깊은 인상을 준 사건일 것이다. 사울은 다메섹 도상에서 예수님을 만나고 예수님의 영화된 얼굴을 보기 전, 예수의 영광이 그 천사 같은 순교자의 얼굴에서 반사되고 있는 것을 이미 보았을 것이다.

빌립은 단지 "평신도"에 불과했으나 성령의 도구가 되어 사마리아에 오순절의 축복을 전달하며, 내시를 통해 에디오피아에 복음을 소개한다. 한편 개인 자격으로 빌립은 가이사랴까지 복음을 전했으며, 이로써 베드로가 로마인들(가이사랴 백부장과 그 가속)에게 하나님 나라의 자물쇠를 열어줄 수 있도록 길을 예비했다!

교회 직분자들의 영적인 인격을 그토록 강조했던 사도들의 "말"을, 신자들의 "온 무리가 기뻐했다"는 이 기록은 막대하고 강렬한 의의를 지니고 있다. 그 직분이 사도직을 위한 것이 아니라 집사직을 위한 것, 즉 과부들과 고아들의 물질적 필요를 돌보는 직무에 불과했지만, 어떤 종류의 사람을 선택할 것인가에 관해, 성도들의 마음은 하나가 되었다. 집사로 선택될 이들은 좋은 평판을 들어야 했고, 진실함과 지혜, 총명이 돋보여 신뢰할 만한 인물이어야 했다. 그러나 무엇보다 그들은 성령이 충만하여 그 영성으로 인해 신뢰할만해야 했다.

"나를 존중히 여기는 자를 내가 존중히 여길 것"이라고 하나님이 말씀하신다(사무엘상 2:30). 이 집사 선출 직후에, 다음과 같은 기록이 나오는 게 비의도적인 우연일까? "하나님의 말씀이 점점 왕성하여 예루살렘에 있는 제자의 수가 더 심히 많아지고 허다한 제사장의 무리도 이 도에 복종하니라 스데반이 은혜와 권능이 충만하여 큰 기사와 표적을 민간에 행하나"(사도행전 6:7-8).

외견상 사도행전 이야기의 이 두 분을 연결하는 고리가 없는 것처럼 보일 수도 있으나, 양자는 매우 긴밀한 접속관계를 이루고 있다. 성령의 마음에 따라 성령의 신적인 정책을 수행할 사람들을, 최고의 행정가이신 성령께 내어주라. 성령의 명령을 수행할 유능하고 자발적인 손발을, 머리이신 성령께 내어주라. 그러면 성령은 아무런 방해도 받지 않고 일하실 수 있을 것이다.

어떤 교회든 직분자를 선택할 때, 많이 기도하는 가운데 당사자가 특별히 영적으로 적합한가를 보아야 한다. 누군가가 좋은 평판, 세상적 지혜, 재산, 교양, 사회적 지위 등을 가졌다는 이유로 선택되어서는 안 된다. 무엇보다 그가 하나님의 사람인가, 먼저 성령의 마음을 감지하고 받아들이고 다음으로 이에 따라 일을 수행하기에 적합한, 그런 하나님의 사람인가를 살펴보아야 한다.

그러면, 여기 사도행전의 본문에 기록되어 있는 바와 유사한 결과가 반드시 따라오게 될 것이다. 하나님 나라의 법은, 변개할 수 없는 메대 바사의 법(에스더 8:8, 다니엘 6:8 참조)보다 더욱 불변적이기 때문이다. 번영이 뒤따라 올 것이다. 물론 이는, 종종 영혼을 야위게 만드는 세속적인 종류의 번영이 오는 게 아니라, 말씀의 권능이 증가하고 성도들의 숫자가 증가하는 것이다.

이 사도행전 이야기에서 사용된 표현이 정확히 무엇인가 주목할 만하다. "하나님의 말씀이 증가했다"(사도행전 6:7 KJV).[4] 이는 마치, 일곱 집사 같은 사람들 속에, 어떤 식으로든 하나님의 새로운 복음이, 성령의 새로운 서신(書信)이 들어있었던 듯한 인상을 풍긴다! 또한 그 뒤의 문구가 정확히 무엇인가를 관찰해보라. "제자들의 수가 크게 폭증했다." (개역개정에는 "제자의 수가 심히 많아졌다"로 번역되었다.)

---

[4] "하나님의 말씀이 점점 왕성하여"(개역개정)

여기 전까지는 "더해졌다"라는 단어가 사용되었으나, 이제는 그런 증가가 산술급수적이지 않고 기하급수적이었다! 게다가 허다한 무리의 제사장들이 이 신앙에 복종하게 되었다! 교회가 성령께 집사들을 내어주었더니, 회심한 제사장들을 얻었다. "우리가 구하거나 생각하는 모든 것에 더 넘치도록 능히"(에베소서 3:20), 은혜로써 신적(神的)으로 행하시는 성령의 행적에 관한 이 이야기가 얼마나 감동적인가!

집사들은 식탁의 일을 섬기도록, 즉 범상한 일을 하도록 선택되었다. 그러나 그들을 보니, 비상한 일을 하고 있었다. 그들은 백성들 가운데 표적과 기사를 일으키고 있었다. 집사들은 육신에 필요한 양식과 공급품을 분배했을 뿐만 아니라, 신령한 은사와 은혜까지도 나누어주었다. 교회가 가난한 과부들을 돌볼 성령의 사람들을 세우는 과정에서, 스데반과 빌립이 불가항력적인 지혜와 영으로 말씀 사역을 하게 되리라는 사실을, 그리고 그 예언의 영이 빌립의 네 처녀 딸들에게도 임하리라는 사실을, 과연 예견하기나 했겠는가!

제자들은 성령의 집사들(Holy Ghost deacons)을 선택했고, 성령의 순교자들과 성령의 전도자들을 얻었다. 그들은 식탁을 섬길 사람들을 뽑았지만, 그 중 한 사람은 그 얼굴이 천사의 얼굴처럼 빛났다. 그리고 그는 돌들의 소나기를 맞는 가운데, 자신의 주님처럼 자기를 죽이는 자들을 위해 입을 열어 기도하며 잠들었다.

우리가 스데반을 일별하면서 얻는 그의 마지막 모습은, 처음처럼 다음과 같다. "스데반이 성령 충만하여 하늘을 우러러 주목하여 하나님의 영광과 및 예수께서 하나님 우편에 서신 것을 보고"(사도행전 7:55). 자신을 핍박하며 그에게 돌을 던지는 자들에 대한 스데반의 마지막 책망은 이것이었다. "너희도 너희 조상과 같이 항상 성령을 거스르는도다"(사도행전 7:51).

당시 스데반은 성령이 극도로 충만해 있었으므로, 무리가 그를 대항한 것은 사실 성령을 대항한 것이며, 그에게 돌을 던진 행위는 사실상, 스데반 안에 내주하며 스데반에게 발언을 주신, 그 불가시적인 교회 통치자께 모욕을 퍼부으며 상해를 입힌 행위였다.

그렇다면, 성령의 행하심에 대한 이 장엄한 일련의 가르침에서, 현재의 단계는 바로 이것이다. 적절한 용어가 없으므로 우리는 이를 "성령의 사역(Ministry of the Spirit)"이라고 부른다. 왜냐하면 이것은, 성령의 권위로 주를 섬기는 모든 자들을 통해, 실제로는 성령께서 일을 집행하고 계신다는 사실을 우리에게 보여주기 때문이다.

또한 그러므로, 담임목사로부터 교회지기(사찰)에 이르기까지 불경건하거나 영적이지 못한 사람들에게 어떤 지위와 권위를 부여하는 한, 결과적으로 그것은 성령의 사역을 방해하고 훼방한다는 사실을, 우리의 본문은 보여주고 있기 때문이다. 다섯 번째 교훈은 여기까지다.

6장
성령의 사랑과 인도하심

이 성령행전 안에서 이제 성령의 활동 양태에 대한 기이한 새 계시가 등장한다. 여기서 성령의 움직이심을 두 면으로 추적할 수 있는데, 첫째는 무리에 대한 역사(役事), 둘째는 개인에 대한 역사다. 전자는 이전에 예증된 내용을 새롭게 강조하고 있는 것이지만, 후자는 성령의 은밀하고 신비한 역사에 대한 전적으로 새로운 계시다.

스데반이 돌에 맞아 순교하는 데서부터 시작된 첫 박해는, 성도들을 예루살렘에서 쫓아내 곳곳으로 흩어지게 만드는데, 이 때 빌립은 사마리아로 내려가 그리스도를 전하게 된다. 이것은 사도교회가 개시한, 유대 외 지역에서의 최초 선교 활동이었으며, 우리 주님이 제자들과 작별하실 때 주신 메시지의 명령에 따른 것이었다. "너희가 권능을 받고 예루살렘과 온 유대와 사마리아와 땅 끝까지 이르러 내 증인이 되리라"(사도행전 1:8).

빌립의 복음 전파로 보기 드문 축복이 그곳에 임했다. 이 개척 전도자가 차지하고 있는 놀라운 위상은 지금까지 사실상 제대로 평가받지 못했다. 그는 사마리아 전역을 돌아다니며 복음을 전한 것으로 추정된다.

에디오피아 내시와의 만남이 끝난 후 빌립은 "아소도에 나타나 여러 성을 지나다니며 복음을 전하고 가이사랴에 이르렀다"(사도행전 8:40). 우리가 앞에서 잠깐 언급했듯이, 가이사랴에 복음의 기초를 놓은 이는 빌립일 것이다. 베드로는 그 기초 위에 집을 지을 수 있었다. 베드로가 그 도시에 있는 가이사의 궁전으로 백부장을 찾아가 복음을 전했던 것이다.

빌립은 이 넓은 지역을 두루 순회하며 복음을 전했을 뿐만 아니라 기적들을 일으키고 중풍병자와 앉은뱅이를 치유하며 귀신들린 다수의 사람들을 고쳤다.

사마리아에서 하나님의 기적적인 역사가 일어나고 있다는 소식이 예루살렘에 전해지자, 베드로와 요한이 그곳으로 파송을 받아 새 회심자들을 방문한다. 두 사도가 기도하고 그들에게 안수하자 사마리아 오순절 사건이 일어났다. 이는 거룩한 성 예루살렘에서 최초로 성령이 부어질 때와 흡사했다. 이것은 성령행전의 역사 발전에서 한 획을 그은 독특한 단계였다. 그 점에서 이 사건은 의의가 깊다고 하겠다. 이 사건은, 예루살렘과 유대 지역 밖의 신자들에게 성령이 권능으로 임하신 최초의 사건이었던 것이다. 여기서 성령은 처음으로 사회 계급의 선과 인종차별의 한계를 파기하셨다.

유대인들은 사마리아인들이, 참 신앙을 이교도 우상숭배와 혼합시킨 혼혈인종, 잡종인간들이라며 그들을 경멸했고, 그들과 "상종하지 않았다"(요한복음 4:9). 길 잃은 여행객에게 길을 가르쳐준다거나 목마른 순례자에게 샘의 위치를 알려주는 일도, 통상적인 유대인은 상대가 사마리아인일 경우 베풀지 않을 친절이었다.

그럼에도 하나님은 박해를 이용해 양자 간의 접촉을 성사시키셨다. 이 접촉을 통해 성령은 사마리아인들에게 회심을 일으키셨다. 성령은, 택함받은 백성인 유대인들뿐만 아니라, 유대인들에게 경멸과 차별을 당하던 소외계급, 사마리아인들로부터도 자기 이름을 위할 백성을 기꺼이 끌어모으신다는 사실을 보여주심으로써, 그 귀족의식에 젖은 배타적 유대인을 겸손하게 만드셨다. 그렇다. 하나님은 다윗의 도성 예루살렘과 똑같이 아합의 수도 사마리아에도 성령의 충만을 기꺼이 부어주셨던 것이다.

베드로와 요한이 예루살렘으로 돌아간 후, 그 뒤의 대목에서 성령의 통치에 대한 하나의 새로운 가르침이 극히 교훈적이고 감명 깊게 등장한다. 오순절 이후 지금까지 우리는 성령께서 무리를 향해 움직이시는 것을 보아왔다. 이제는 성령의 움직임이 개인을 향해 나아가고 있다. 성령께서 한 개인과 상대하시고 그를 인도하시는 장면이 나오는 것이다. 성령이 한 성도를 어떻게 인도하시고, 한 구도자를 어떻게 지도하시는지가 여기서 엿보인다.

사도행전의 이 대목까지에는 그러한 개인 상대 사건을 다룬 특이한 장면이 없다. 그러나 이 8장에서 성령의 사랑은 한 영혼을 신실하게 추적하고, 성령의 주의 깊은 돌봄은 한 제자를 끝까지 따르고 있다.

한 천사가 빌립에게 남쪽을 향해 예루살렘으로부터 가사로 이어지는 길까지 가라고 명한다. 이 길은 빌립이 전에 활동했던 인구 밀집 지역이 아니었고, 광야에 난 도로였다. 그러나 그 길로 여행하는 한 외로운 구도자가 있었다. 성령이 전도자 빌립을 외견상 쓸모없는 긴 여행길로 보내신 것은, 바로 그 한 영혼을 만나고 지도하도록 하기 위해서였다. 여왕 간다게의 국고를 맡은 에디오피아의 내시가 고국으로 돌아가는 길에, 그가 전에 분명 예루살렘에서 들었을 메시아에 관해 생각하며, 이사야의 예언을 읽고 있었다.

이처럼, 성령행전 가운데 처음으로 이 대목에서 성령은 더 이상 무리를 향해 움직이지 않고, 자신을 낮추어 한 성도의 개인적 길잡이 노릇을 하며, 또한 그를 통해 한 구도자의 안내자 역할을 하고 계신다.

"성령이 빌립더러 이르시되 이 병거로 가까이 나아가라." 전도자 빌립은 그의 주님처럼 성령의 이끄심을 받아 광야로 들어갔다. 물론 시험을 받기 위해서가 아니라 한 구도자의 영혼을 구원에로 안내하기 위해서였다. 성령은 집사이자 복음 설교자인 이 사람과 언어로 직접 교통하시며 그에게 말씀하시고, 내시에게 나아가 그에게 생명의 도를 가르치라고 명하신다.

이 본문의 교훈은, 가볍게 넘어가기에는 너무나도 귀중하다. 여기서 창조주 성령의 움직임이 엿보인다. 물론 이는, 태초처럼 성령이 새 세상에 생명을 출현시키기 위해 깊은 물의 수면에서 움직이신 게 아니라, 두 사람의 심령을 향한 성령의 움직임이었다. 한 사람, 에디오피아의 내시에게는, 그가 성경을 찾아 그리스도에 관한 성경의 증언을 발견하도록 하기 위해 성령이 움직이셨다. 다른 한 사람 빌립에게는, 그가 구도자 내시를 자기 경험에 비추어 안내하고 도울 수 있도록 하기 위해, 성령이 움직이셨다.

이처럼 성령은 여기서 개인을 위한 "행전(行傳)"을 쓰고 계신다. 그것은 한 개인 영혼을 향한 사랑이었다. 황송하게도 성령은 두 사람을 이끌어 서로 접촉하게 해 주신다. 그리스도는 "세상을 사랑"하시고(요한복음 3:16) "교회를 사랑"하셨지만(요한계시록 1:5), 그에 못지않게 "나를 사랑하사 나를 위하여 자기 자신을 버리셨다"(갈라디아서 2:20). 이와 같이 성령도 개인의 영혼을 사랑하고 인도하시며, 한 구도자와 한 교사에게 그의 권능과 지혜의 모든 신적 에너지를 지출하신다. 성령은 그 때 이래 지금까지도 그런 개인 사역을 해오고 계시며, 세상 끝 날까지 그런 사역을 지속하실 것이다.

8장을 닫기 전에, 성령의 개인 상대 사역에 관해 한 가지만 더 일별해 보자. 내시가 복음을 받아들이고 빌립의 손으로 세례를 받은 후, 다음과 같은 기록이 나온다. "주의 영이 빌립을 이끌어간지라." 이 구절이 주는 분명한 인상은, 어떤 초자연적인 "사로잡아 가심"(rapture)이 일어났다는 것이다. 성령의 용무는 이제 성취되었다. 그러므로 성령은 그 메신저를 다른 데로 이끌어가셨고 빌립은 그로부터 여러 마일 떨어진 아소도에 출현했다. 성령은 자신을 낮추어 이 두 사람을 만나게 하셨을 뿐만 아니라, 빌립에게 친히 위탁하신 그 특별 섬김이 끝나자마자 빌립을 빼앗아 다른 곳으로 데려가셨다(사도행전 8:39-40).

이 사건은, 그리스도께서 갈릴리 호수 지역으로부터, 빌립이 갔던 바로 그 가이사랴 해변지역으로 여행하신 일을 연상시킨다(마태복음 15:21). 이 여행의 유일한 목적은 분명, 자기 딸이 귀신에 사로잡혀 비참한 고통을 당하고 있었던 그 가련한 가나안 여인에게 복을 내려주시는 데 있었을 것이다. 그리스도께서 그리로 여행하신 후 다시 갈릴리 호숫가로 오시는 동안 다른 어떤 기적을 베푸셨다거나 어떤 행동을 하셨다는 기록이 없기 때문이다.

사도행전 9장에서는, 뒤를 이어 사울의 회심 이야기가 등장한다. 그 때 주 예수님은, 복음서 기사들에서처럼, 자기 본연의 모습으로 확실히 눈에 보이도록 매우 뚜렷하게 출현하신다. 성령행전의 다른 부분에는 이런 사건이 없다. 사도행전 9장에 들어, 잠시 동안 성령은 우리의 시야로부터 사라진다. 마치 주님이 친히 지상으로 귀환하시고, 보혜사는 이제 제자들에게 더 이상 필요하지 않은 듯한, 그런 인상을 풍기고 있다. 사울과 아나니아 두 사람 모두에게 환상 중에 출현하신 분은 주 예수님 그 자신이시다.

거기에는 특별한 까닭이 있다. 그리스도는 바야흐로 하나의 새로운 사도를 부르실 참이다. 그 부르심은 직접적이어야 하고, 또 몸소 대면해 이루어져야 한다. 왜냐하면, 사도의 한 가지 기본 자격은, 주님의 부활 후 "주님을 목격하고," 자신의 이런 직접적 체험을 통해 그리스도의 부활을 증언할 수 있는 사람이어야 한다는 것이었기 때문이다.

그러나 사울의 회심 이야기가 끝나기 전, 성령이 다시 전면에 등장하신다. 사울이 도상에서 주 예수님을 뵈온 이 모든 일과 그를 위해 아나니아에게 주어진 사명은, 갓 개종한 이 핍박자가 "성령으로 충만"하도록 하기 위해서였다고 본문이 기록하고 있다(사도행전 9:17). 심지어 그리스도께서도, 이 새로운 사도를 부르시고 그에게 사명을 맡기기 위해 비록 몸소 출현하긴 하셨지만, 그를 중생시키고 그에게 사도 자격을 부여하는 일은 성령께 맡겨, 성령이 속행하고 완성하게 하신다.

그리고 의미심장하게도 다음과 같은 문장이 추가된다. "즉시 사울의 눈에서 비늘 같은 것이 벗어져 다시 보게 된지라"(사도행전 9:18, 22:16). 한 사람의 제자와 사도가 만들어지는 일은, 그리스도를 직접 뵈옵고 그리스도의 이름으로 세례를 받는 것만으로 충분하지 않았다. 추가적으로 성령세례와 성령의 기름부음, 성령의 가르침이 있어야 했다. 또한 그에게 조명이 들어가 모든 비늘이 제거되고 영적 시각이 뚜렷이 회복되어야 했다.

이 순간 이후부터 사울은, 자신의 스승이 예전에 그러했듯이, 성령의 인도하심을 받게 된다. 성령의 권능으로 그는, 다시 사신 구주와의 연합 및 친교를 누리며 그리스도의 부활을 증언하고, 최초의 선교여행을 수차 행하게 된다. 그 때 그는 회심자들을 모으고 조직화해 여러 교회를 세우는가 하면, 성령의 영감을 받은 서한들을 써서 발송하며, 자신의 거룩한 삶으로써 가일층 감동적인 하나님의 서신을 쓰기도 했다.

사도행전 9장은 이 서두 구절들에서 부활하신 그리스도를 보혜사 성령보다 더 부각시키는 듯하지만, 좀 더 나아가면 성령에 대한 언급이 매우 독특하고 포괄적인 형태로 나타난다. 그것은 이 논의 전체의 제목, 우리가 지금 공부하고 있는 사도행전 전체의 표어로 삼을 만하다. "그리하여 온 유대와 갈릴리와 사마리아 교회가 평안하여 든든히 서 가고 주를 경외함과 성령의 위로(파라클레시스)로 진행하여 수가 더 많아지니라" (사도행전 9:31).

위 구절에서 고딕체로 표시된 중요한 문구, "성령의 위로(파라클레시스)"는, 교회의 진정한 성장과 상태를 서술하는 데 있어서 핵심적인 요소다. 여기의 "파라클레시스"(παράκλησις)는 그 신비로운 이름 "파라클레토스"(παράκλητος, 보혜사)와 정확히 상응하는 단어로서, 후자와 마찬가지로 번역하기가 어렵다.

이 단어는 교회 안에서와 세상에서 행하시는 보혜사 성령의 모든 사역을 포괄하고 있다. 즉 죄인들에게 진리를 나타내 보이는 일, 성도들의 지성과 심령에 조명을 주는 일, 전인(全人)을 중생시키고 성화시키는 일, 그리스도의 몸을 세우는 일 등, 한 마디로 교회의 삶 및 교회 사역 전체를 성령이 전적으로 통할하고 계신다.

이 모든 것이 바로 "파라클레시스"라는 단어에 내포되어 있다. 그 동일 어원의 "파라클레토스"가 "위로자"라고 번역되듯이, 본 단어는 "위로"라고 번역된다. 그러나 두 단어 모두 이런 번역은 불충분한 번역이다. "위로(comfort)"라는 말은, 성령의 제반 사역 가운데 한 작은 부분만을 나타내기 때문이다. 물론, 수백 년 전 영어 흠정역 번역자들이 이 단어를 처음 사용했을 당시는 이 단어가 지금보다 훨씬 더 많은 의미를 가지고 있었지만 말이다!

우리가 본 구절(사도행전 9:31)과 "성령의 위로(파라클레시스)"라는 문구에 집착해 시간을 끌 필요는 없을 것이다. 필자가 쓰고 있는 이 초라한 소책자 전체가 사실상 이 문구에 관한 설명과 그것의 적용에 할애되고 있기 때문이다.

그러나, 우리 시대의 교회는 성령의 이 파라클레시스에 내포된 축복이 얼마나 값진가를 거의 혹은 전혀 인식하지 못하고 있다. 그러니 이 교훈을 다시 한 번 더 배운다고 해서 나쁠 게 뭐가 있겠는가? 내부적인 불화와 분열로부터, 이단과 분파운동으로부터 교회가 무슨 "평안"을 얻을 수 있겠는가! 교회는 지극히 거룩한 믿음 위에서 어떤 건덕(建德)으로 "든든히 서 가고" 있는가! "주를 경외함"의 거룩한 삶이 있는가! 신자들의 급속한 증가, 범세계적인 복음 전파가 이루어지고 있는가! 오늘날, 이 "성령의 위로"가 치유하거나 혹은 제거하지 못할, 교회의 삶을 저주하거나 위협하는 악은 없다.

# 7장
성령의 예보(forecast)와 맛보기(foretaste)

성령행전의 다음 장에서 우리가 만나게 되는 가이사랴의 새로운 오순절 사건은, 명백한 예언적 의미를 지니고 있다. 우리가 이를 공부해보면 그런 사실을 점점 더 강력히 깨달을 것이다. 사도행전 10장에는 이 지점까지 계시되거나 드러난 모든 것을 단연 능가하는, 성령과 성령의 사역에 대한 어떤 베일 벗기기가 있다. 본장에서 적어도 우리는 장차 일어날 일에 대한 어떤 예보와 미리 맛보기의 가능성 및 개연성을 목도하지 않을 수 없다.

10장의 기록은, 유대와 사마리아 지역 밖에서 최초로 일어난 성령의 부으심이다. 이것은 대표적인 로마인 회중에게 임한 일이므로, "땅 끝까지" 접촉할 수 있게 하는 사건이었다.

우선, 이 사건의 준비 단계들부터 의미심장하다. 이 사건 이전에, 빌립 집사가 가이사랴까지 가서 복음의 말씀을 전한 일이 있었다. 그는 아마 이 가이사의 도시에 처음으로 복음을 전한 개척 전도자였을 것이다. 그 후 사울이 회심하고 다메섹을 탈출해 예루살렘을 방문한 후 사람들의 인도에 따라 다소로 가는 길에 가이사랴를 경유하게 된다(사도행전 9:30). 이 회심한 핍박자 사울이 로마 백부장의 주둔지인 이곳 가이사랴에서 그리스도와 자신이 구원받은 사건에 대해 간증하지 않았을 가능성은 희박하다. 확실한 사실은, 이제 그 다음 단계로 베드로의 가이사랴 방문이 이루어졌다는 것이다.

그리고 이 모든 것은 **성령의 사역**이었다. 이것이 가장 중요한 사안이다. 빌립과 에디오피아 내시의 경우처럼, 하나님의 천사, 인간 메신저, 그리고 성령이 서로 협력하고 있는 광경이 여기서도 엿보인다. 양자 간의 유사성은, 우발적이거나 우연이라고 보기에는 너무 긴밀하다. 주의 사자가 "빌립에게 일렀고" 이제는 고넬료에게 말한다. 성령이 빌립에게 "가까이 나아가라"고 말씀하셨고, 이제 베드로에게 그들과 "함께 가라"고 이르신다. 사실상 이 두 이야기는 천사와 성령의 이중적 인도라는 이런 토대 위에 서 있다. 두 이야기는 서로가 서로를 확증하고, 양자가 한 교훈을 가르치는, 쌍둥이 복음증언 사건이라 할 만하다.

여기서 다시 성령의 **인격성**이 조심스레 관측된다. 어떤 "소리"가 세 번 말했다고 본문은 기록하고 있다(사도행전 10:13, 15, 16). 그러나 좀 더 앞으로 나아가면, 사용되는 언어에서 한 가지 주목할 만한 변화가 발생한다. 아마도 그 목소리의 주인공은 동일할 것이다. 계속해서 본문은 다음과 같이 기록했을 수도 있다. "베드로가 그 환상에 대해 생각할 때에 한 목소리가 그에게 말했다"(사도행전 10:19 참조). 그러나 본문은 의도적으로, 인격체로서의 성령의 행위를 전면에 내세우고 있음이 명백하다. 그래서 다음과 같이 말한다.

"베드로가 그 환상에 대하여 생각할 때에 성령께서 그에게 말씀하시되 두 사람이 너를 찾으니 일어나 내려가 의심하지 말고 함께 가라 내가 그들을 보내었느니라 하시니"(사도행전 10:19-20).

"천사"나 "목소리," "환상," 혹은 "위로부터 온 감동" 등의 용어가 사용되지 않는다. 말씀하고 계신 이는, 어떤 신적인 존재이다. 그리고 베드로는 즉시 그 사람들을 맞이해, 성령의 부르심이기도 한, 그들의 요청에 응한다. 신적인 임무가 환상이나 목소리 혹은 천사를 통해 전달되든 그렇지 않든, 동일한 그 성령께서는 영원히 우리와 함께 거주하신다. 성령은 하나님의 일시적인 선물이 아니다.

성령으로부터 직접 온 이 의사전달의 효과는, 베드로의 거동과 태도에서 드러난다. 그는 지체하지 않고 가이사랴로 향했다. 성령의 위임을 받은 메신저로 간 것이다. 베드로의 권위는 그 자신으로부터 나온 독창적인 것이 아니라 성령으로부터 부여받은 것이었다. 고넬료가 그를 맞이하며 엎드려 절하자 그는 당연히 이렇게 말할 수밖에 없었다. "일어서라. 나도 사람이라"(사도행전 10:26).

　베드로는, 최근 성령께서 자신에게 놀랍게 임하시고 자신이 신적인 사명을 위임받았다는 생각과 마음으로 인해, 그 자신이 대단히 중요한 존재라는 의식에 빠지기가 매우 쉬웠을 것이다! 그러나 그는, 지극히 높으신 분의 기타 수많은 메신저들처럼, 그 회합의 장소에 다른 임재자(성령)께서 계시고, 그와 비교할 때 자신은 무의미한 존재라는 사실을 깨닫고 있었다.

　베드로의 강론은 짧았지만, 서두에서 베드로는 성령을 언급하지 않을 수 없었다. 성령께서 기름부음의 능력으로 예수님을 말과 행위에 그토록 능하게 하셨다는 것이다(사도행전 10:38).

　그러나 본 장의 가장 위대한 구절은 이것이다. "베드로가 이 말을 할 때에 성령이 말씀 듣는 모든 사람에게 내려오시니"(사도행전 10:44). 우리는 이 구절을, 다음 장, 11장의 상응구절과 나란히 놓고 대비해 보아야 한다. "내가 말을 시작할 때에 성령이 그들에게 임하시기를 처음 우리에게 하신 것과 같이 하는지라"(사도행전 11:15).

　하나의 동일사건에 대한 이 두 개의 증언을 한데 묶어 보면 우리는 다음과 같은 포괄적인 진술을 얻을 수 있다. "베드로가 이 말을 할 때에, 그리고 그가 말하기 시작하자, 성령이 말씀을 듣는 모든 사람에게 내려오셔서, 처음 제자들에게 부어졌던 것처럼 부어졌다." 여기서 우리는 서너 가지 교훈을 배울 수 있다.

　　1. 베드로의 강론은 완벽하게 끝나지 않고 중간에 끊어졌다.
　　2. 성령은 이방인 청중에게도, 유대인들에게와 마찬가지로 임하셨다.
　　3. 성령의 부어짐은, 처음으로, 말씀을 듣는 모든 사람에게 일어났다.

4. 또한 처음으로, 성령의 부어짐은 물세례에 선행했다.

이 네 가지 교훈이 모두 지금까지 배운 것을 능가하고 있다. 베드로의 설교는, 도중에 중단되었음이 명백하다. 우리는 베드로가 욥바로부터 가이사랴까지 여행하는 동안 어떤 상념에 젖어 있었을 것인지 상상해볼 수 있다. 바야흐로 복음이 처음, 공식적으로, 로마 황제들의 바로 그 궁전에서 로마인들에게 선포될 참이었다. 그리고 그 복음이 "가이사의 집"까지 도달할 참이었다. 전형적인 유대인인 베드로 자신이 그들에게 "믿음의 문"을 열어줄 참이었다.

자신의 용무가 미리 고지되었다는 사실과 함께, 자신이 얼마나 중요한 사명을 이행할 것인지를 자각하면서, 베드로는 환상을 본 이후 로마인들에게 복음을 설교하러 가는 동안 자신이 전달할 메시지에 관해 묵상했거나 아니면 그 가운데서도 다소간 미묘한 감정에 빠져 있었을 것이다. 그 설교의 내용은 사전에 이런 깊은 묵상이 있었음을 보여주며, 생각의 순서가 매우 주의 깊게 배열되어 있음을 또한 보여준다. 그런데 그 생각의 실제 진술이 시작되자마자, 매우 이상하게도 더 이상의 발언은 불필요해지고 말았다.

그럼에도 그의 발언은, 성령께서 그것을 이용해 구원의 역사를 일으키기에 충분한 내용을 담고 있었다. 베드로는 기름부으심을 받고, 십자가에 못 박혀 돌아가신 후 다시 살아나신 그리스도 구주에 대해 말하며, 이를 선지자들이 증언하고 신자들이 목격했다고 이야기한다. 그리고 하나의 간단한 문장으로 복음 전체의 정수를 압축해 표현했다. "그를 믿는 사람들이 다 그의 이름을 힘입어 죄 사함을 받는다 하였느니라"(사도행전 10:43).

그것으로 충분했다. 성령은 이제 청중의 심령 속에 구원과 변화의 역사를 일으키실 수 있었다. 베드로가 구원의 말씀을 전하고 있을 때, 그 즉시로 하나님의 성령은 마치 안달이 나기라도 한 것처럼, 메신저와 메시지에 임하셨다. 그리고 청중 전체가 중생(重生)했을 뿐만 아니라 그와 동시 새로운 세례를 받았다.

이 때 이곳에서 다시 한 번 새로운 오순절 사건이 일어났다. 예루살렘의 오순절과 흡사한 표적들이 수반되고 방언의 선물이 주어졌다. 욥바로부터 베드로와 함께 가서 그 현장에 참석한 여섯 형제들은 이 전례 없는 일을 목격하며 대경실색했다. 지극히 보배로운 그 성령의 은사를 받는데 있어서는, **할례자나 무할례자나 아무런 차이가 없었다!**

여태까지는 그런 모든 은혜가 할례 받은 자들과 물세례를 받은 자들에게만 주어졌었다. 그러나 이제는 그런 차별의 의식(儀式)을 치르지 않은 자들에게도 그 은혜가 임했다. 성령은 이와 같이 모든 차별의 선(線), 예전의 모든 의식적(儀式的) 속박들, 그리고 신약교회에 그토록 두드러지게 나타난 성례전적 한계까지도 파쇄하셨다.

이에 베드로는 깜짝 놀라 다음과 같이 힘주어 선언한다. 그 장면을 우리가 가히 상상할 수 있겠다. "이 사람들이 우리와 같이 성령을 받았으니 누가 능히 물로 세례 베풂을 금하리요?"(사도행전 10:47). 생각해 보라! 할례도 받지 않고 세례도 받지 않은 이방인들에게 하나님의 성령이 실제로 엄청난 충만함으로 쏟아 부어졌다고 고백하지 않을 수 없었던 그 유대인 베드로의 모습을!

여기서 다시, 성령께서 **말씀을 듣는 모든 사람에게 임하셨**다는 점이 주목된다. 아마도, 이 청중들은, 개인적인 심령의 준비가 어떠했든, 전에 회심하지 않은 자들이었을 것이다. 천사가 고넬료에게, 사람을 보내 베드로를 청하라고 명했을 때 다음과 같이 말한 점으로 미루어볼 때, 그렇다. "네[고넬료]가 마땅히 행해야 할 일을, 그[베드로]가 네게 이르리라"(사도행전 10:6 KJV).[5] 베드로가 할례자들 앞에서 이 사건을 해명할 때의 표현이 이보다 더욱 상세하다. "그[베드로]가 너[고넬료]와 네 온 집이

---

[5] "네[고넬료]가 마땅히 행해야 할 일을, 그[베드로]가 네게 이르리라"는 KJV와 몇몇 역복 그리고 KJV의 원본인 헬라어 공인본문에는 있으나 몇몇 역복에는 있으나 대부분의 영어역본에는 생략했다. 한글성경에도 없다. 그것은 한글성경의 원본인 헬라어 네슬–알란트 편집본에는 이 내용이 없기 때문이다.

구원 받을 말씀을 네게 이르리라"(사도행전 11:14).

예루살렘에서의 성령강림은 세례 받은 신자들에게만 일어났던 일이다. 그리고 그들의 증언을 통해 성령은 구원받지 못한 사람들에게도 임하셨다. 성령은 처음에 신자들에게 기름부름의 능력으로 오셨으며, 그들을 통해 불신자들에게는 죄를 깨닫게 하고 회개하게 하는 권능으로 임하셨다. 아마 이것이, 신약시대 전체에 걸쳐 성령께서 활동하시는 원칙일 것이다.

그렇다면, 세례를 받지 않고 아직 믿지도 않는 청중에게, 이것이 전형이 아님에도 불구하고, 이처럼 예외적으로 성령이 임하신 사건의 의의는 무엇일까? 그것은 장차 있을 일에 대한 예보와 그 일의 미리 맛보기일까?

베드로는 예루살렘에서의 오순절 성령강림에 대해, 그것이 요엘의 예언을 성취시킨 사건이라고 선언하지 않았다. 요엘의 예언이 오순절 성령강림의 성격을 규명해준 것은 사실이다. 그러나 요엘은 "모든 육체에" 성령이 부어질 것이라고 예언했다. 이것은 더욱 엄청나게 풍성한 늦은 비(雨)로서, 복음을 듣는 모든 사람에게 회개시키는 권능으로 임해야 할 사건이다.

우리가 믿는 대로, 이것이 요엘의 예언과 성령강림 역사(歷史), 양자를 모두 풀 수 있는 진정한 열쇠라면, 두 번에 걸친 이 오순절 사건의 비밀은 장엄하게 풀린 것이다. 전자, 즉 예루살렘 오순절 성령강림, 성령이 선택받은 증인들에게만 임하신 사건은 이 신약시대, 증언과 수확의 시대에 나타나는 성령의 행위를 푸는 열쇠다. 후자 즉 이방인 오순절 사건은, 다가올 미래 시대를 푸는 열쇠다. 그 때에는 성령의 역사가 매우 넓어져 성령이 "모든 육체"에 강림하시고(사도행전 2:17), "모든 육체가 하나님의 구원하심을 보리라"(누가복음 3:6).[6]

베드로의 언어가 이런 느낌을 강화시켜준다. 베드로는 그 사실을 다음과 같이 강조했다. "하나님이 그들에게도, 주 예수 그리스도를 믿는 우리에게 주신 것과 같은 선물을 주셨다"(사도행전 11:17 KJV). 이는 마치,

---

[6] 그런 의미에서 가이사랴 오순절 사건은 유대인과 이방인을 진정으로 하나 되게 하시는 역사, 이방인들에게도 유대인들과 동일한 구원의 역사가 도래했음을 공식화하는 사건이다.

그 때까지 그리스도를 믿지 않았던 자들에게도 성령이 부어졌다고 말하는 듯한 느낌이다. 이 점은, 하나님의 성령의 그런 부으심을 통해, "하나님께서 이방인에게도 생명 얻는 회개를 주셨다"(사도행전 11:18)는 사실에 의해서 더욱 강화된다.

사도행전 11장에서, 베드로는 예루살렘으로 돌아와 옥상에서 본 환상과 함께 자신이 고넬료가 근무하는 궁전에 가게 된 경위를, 본질상의 부언이나 수정 없이 담담히 진술한다. 새로운 것은 거의 없지만, 베드로는 성령의 **직접적인 인도하심**을 되풀이해 강조한다. 성령의 직접적 인도는, 여기서 가르치는 장엄한 진리다. 우리도 주를 섬기기 위해 주님께 진심으로 순종할 때는 언제나, 우리가 해야 할 임무에 대한 성령의 명백한 지시를 기대할 수 있다는 것이, 본문으로부터 우리가 얻는 교훈이다.

성령세례에 대해 이 모든 사례들에서 한 결 같이 사용한 언어는, 기름을 붓는다고 할 때의 그 부음 혹은 유출을 암시한다. 기름을 붓는 것이 성령세례의 모형일 것이다. 정확히 어떤 어휘가 사용되었는지 살펴보자. 첫째, 요엘로부터 인용한 문장이다. "내가 내 영을 모든 육체에 부어주리니(pour out, KJV)"(사도행전 2:17). 다음으로 베드로 자신의 표현이다. "너희가 보고 듣는 이것을 부어 주셨느니라"(사도행전 2:33. "흘려보내셨다 shed forth," KJV). 나아가 이 이방인에 대한 성령강림 기사의 기록은 이렇다. "성령이 그들에게 임하시기를[fell on] ⋯ 내가 주의 말씀에 ⋯ 너희는 성령으로 세례를 받으리라 하신 것이 생각났노라"(사도행전 11:15-16).

일반적인 공정한 마음이라면, 이런 언어에서 어떤 인상을 받을까? 성령이 사람들에게 부어지고, 흘려보내지고, 임하실 때, 그것이 바로 성령의 세례라는, 그런 인상을 받게 될 것이다. 물에 잠기는 침례만이 유일하게 적법한 물세례라고 주장하는 분들은, 성령의 세례가 쏟아 붓는다는 개념의 용어로 성경에서 묘사되고 있다는 사실을 인정해야 한다.

이 성령행전에서, 성령의 행위로 명시되지 않은 많은 일들이 실제로는 성령의 역사에 근원을 두고 있다. 이는 마치 에스더서에서, 하나님의 이름이 언급되지 않은 곳에 하나님의 손길이 보이는 것과 흡사하다. 표면상으로 "사람이 제비는 뽑으나," 실질적으로 "일을 작정하기는 여호와께 있는 것이다"(잠언 16:33).

안디옥교회 신자들의 대다수는 성령의 사역에 의해 생겨났다. 성경은 말한다. "주의 손이 그들과 함께 하시매"(사도행전 11:21). 이 독특한 표현은 본문에서 성령의 권능이라는 뜻과 동일한 의미일 것이다. 이런 표현이, 태어나면서부터 성령으로 유달리 충만했던 그리스도의 선구자 세례요한에 대해서도 사용되는데(누가복음 1:66), 거기에서도 같은 의미일 것이다. **주의 손**. 이것은 바로, 성령의 적극적인 역사하심에 대한 장엄한 은유다!

하나님의 말씀은 성령의 검이다. 검이 쓰이기 위해서는, 검 자루를 붙잡고 휘두를 손이 있어야 한다. 하나님의 진리는 망치다. 역시 망치로 효과있게 타격하기 위해서는, 그 자루를 붙잡을 손이 필요하다. 그릇을 만들어 용도에 맞게 사용하려면, 하나의 손이 그릇을 조형하고, 그릇에 무언가를 채우고, 그릇을 운반해야 한다. 복음이 승리를 거두는 곳에서는 어디에서나, 성령께서 주님의 손이 되어, 강퍅한 마음을 자신의 망치로 부수고, 혼과 영을 자기 검으로 찔러 쪼개며, 주님의 쓰심에 맞도록 자기 녹로에서 그릇들을 영화롭게 빚어내신다.

바나바에 대한 간략한 묘사에서, 그는 "성령이 충만한 자"로 나타난다(사도행전 11:24). 그의 핵심 자질과 핵심 특질은 바로 이것이었다. 착함과 믿음은 이 특질의 시녀들에 불과했다. 그리고 이 성령 충만 때문에 "큰 무리가 주께 더해졌다." 여기서 다시 우리는 그 묘하고 독특한 단어 "더해졌다"(프로세테쎄 προσετέθη), 혹은 문구 "주께 더해졌다"와 만나게 된다(사도행전 2:41, 47, 5:14 참조).

나아가, 여기서 다시 성령에 대한 일별(一瞥)을 포착하게 되는데, 이번에는 성령이 새로운 국면으로 나타나신다. 즉 성령이 한 제자에게 예언을 주신다. 아가보는 성령으로 다가올 기근을 예언했다(사도행전 11:28).

그러나 가일층 중요한 것은 12장이다. 거기에 성령에 대한 직접적 언급은 없지만, 성령은 여전히 우리 주님께서 제자들에게 요구하셨던 기도의 합주를 통해(마태복음 18:19) 자기 역사를 드러내신다.

베드로는 옥중에 갇혀 처형을 기다리고 있었다. 교회는 그를 위해 간단없는 기도를 올리고 있었다. 기도가 승리했다. 하나님의 천사가 밤중에 옥문을 열고 사도 베드로의 차꼬를 푼 다음 철문이 저절로 열리게 만든다. 이 때 있었던 교회의 기도는, 성령께서 신자들로 하여금 한데 연합해 간구하게 하신 것으로서, 성령의 행위의 한 가지 사례다.

오직 성령만이, 개개 신자의 영혼 속에, 하나님을 추구하고 거룩함을 추구하는 "말할 수 없는 탄식"(로마서 8:26 참조)을 일으키실 수 있다. 오직 성령만이 기도하는 성도들로 하여금 동정심과 일치된 마음으로 연합해 기도의 합주를 올리게 하실 수 있다.

두 사람이 합심하여 기도하면 이루어진다는 그 약속(마태복음 18:19)은, 제자들이 단순히 상호 임의대로, 제멋대로 합의해 기도하는 것에 적용되어서는 안 된다. 이 약속은, 무엇보다도, 성령과 함께, 성령 안에서 이루는 보다 고상한 연합의 의미를 내포하고 있다. 교향곡의 합주는 음악소리의 일치와 조화를 통해 이루어지는 것이지, 각자 제멋대로 소리를 내서, 혹은 우발적으로 이루어질 수는 없는 것이다. 교향곡의 합주는 음정조화의 법칙에 순응하며, 서로 조화를 이루는 현과 건반을 터치하는 지성적인 손에 의해 조형된다.

그러므로 기도하는 성도들의 영혼이 성령의 인도하심을 받아 진정한 일치를 이룰 때만, 주님의 이 약속이 실현된다. 성도들은 서로 안면이 없는 사이라 할지라도, 성령을 통해 그런 교통 속으로 인도하심을 받아, 동시에 함께 동일한 기도제목을 가지고 기도할 수 있다.

교회는 마치 모종의 웅장한 악기와 같다. 신의 예술가 성령께서 그 악기의 현이나 건반이나 취구에 손을 올려 연합된 기도가 울리게 하고, 음악의 코드들처럼 하나님의 귀에 들리게 하신다. 그리고 기도하는 영혼들의 잦은 무의식적 연합에 의해 얼마나 놀라운 결과들이 도출되었는지는, 하늘의 책들이 열리는 그날에 비로소 드러날 것이다.

8장
성령의 부르심과 보내심

초기 대(對)이방인 선교는 조직적 노력을 통해 이루어진 것으로 생각된다. 이 선교의 탄생 시기는, 바나바와 사울이 안디옥으로부터 선교여행을 떠나던 때에 드디어 도래했다(사도행전 13:1-5). 이 사도행전 13장은 마태복음 9:37-38과 나란히 놓고 살펴보아야 한다. 거기에는 선교에 대한 교훈과 선교의 원리가 들어 있다. "그러므로 추수하는 주인에게 청하여 추수할 일꾼들을 보내 주소서 하라." 여기에 교회가 실천해야 할 일과 그에 관한 표본이 있다. 교회는 기도해야 한다. 그러면 하나님이 일꾼들을 불러내 보내신다.

거대한 이방인 무리가 모여 있던 이 안디옥교회가 이방인들을 위한 동정심어린 중보기도 속으로 특별하게 이끌려 들어갔으리라는 것은, 의심할 여지가 없다. 그리고 여기서 우리는 선교의 원리를 발견하게 된다. 교회가 믿음의 기도를 드릴 때, 주님이 일꾼들을 공급하신다. "성령이 이르시되, 내가 불러 시키는 일을 위하여 바나바와 사울을 따로 세우라. … 두 사람이 성령의 보내심을 받아 실루기아에 내려가 …"(사도행전 13:2, 4).

교회의 일에서 나타나는 성령의 인격성과 활동을 본문은 얼마나 명백하게, 얼마나 장엄하게 가르치며 보여주고 있는가! 오직 인격체만이 말씀을 할 수 있고 부를 수 있고, 이름을 부를 수 있고, 보내실 수 있다. 성령은 자신이 택한 바로 그 사람들을 지명해서 그들을 보내신다. 사실, 교회사의 분수령을 이루는 이 중차대한 사역에서 성령의 권위가 새롭게 드러난다. "두 사람이 성령의 보내심을 받아."

이 구절에 의하면, 성령은 자신의 "사도들"을 두고 계신다. 왜냐하면, "사도(apostle)" 혹은 "선교사(missionary)"라는 단어는 보냄 받은 자를 의미하기 때문이다. 전자는 헬라어에서 유래한 단어이며, 후자는 라틴어에 온 낱말이다. 지금까지 "사도"라는 용어는 어떤 특정 의미를 지니고 있었고 그리스도께서 친히 선택하시거나 혹은 그리스도의 이름으로 선택된 사람에게만 적용되었다. 그러나 사도행전 14장에 이르면 다음과 같은 구절이 나온다. "사도들[헬라어 원문], 바나바와 바울이 듣고"(14:14). 성령은 자신이 원하는 자들에게 사도적 권위를 부여하시고 그들을 성령의 사도로서 파송하신다.

그러나 중요한 점은, 성령이 바나바와 사울이라는 특정한 사람들을 택하시고 자신을 위해 그들을 따로 구별해 놓고자 하셨다는 사실이다. 안디옥 교회의 모든 조처 배후에서, 우리는 성령의 행위를 보아야 한다. 지명, 부르심, 구별, 사명 위임, 파송. 이 모든 것은 성령의 행위이고 성령으로부터 나온 일임이 명약관화하다(필자가 저술한 *New Acts of the Apostles* 2부 1장 참조).

이처럼 성령의 부르심을 받고 성령의 파송을 받은 이들에게는, 물론 성령의 임재와 권능을 보여주는 표적들이 따를 것이다. 사울은 바보에서 그의 새로운 사역을 시작하자마자 성령충만의 증거를 보여준다. 박수 엘루마에게 심판의 기적을 일으켜 그의 눈을 멀게 만들었던 것이다(사도행전 13:9-12). 이것은 전형적인 기적이다. 이 박수는 진리에 대해 눈을 감았을 뿐만 아니라, 소경을 인도하는 소경처럼 서기오 바울을 진리에서 돌이켜 결과적으로 자신과 서기오 바울 둘 다 구덩이에 빠지게 만들고자 했다. 그러므로 사울은 성령의 인도에 따라, 엘루마에게 심판을 선언해 그의 눈을 멀게 만들었다. 엘루마는 서기오 바울을 붙잡아 함께 어둠 속에 행하고자 했을 뿐만 아니라 타인들을 어둠 속으로 이끌어 들이고자 했기 때문이다.

그 이후 사울은 바울("작은 자")로 불리게 되는데, 이는 그 자신의 눈으로 보기에 자신이 점점 작아졌기 때문이고 성령을 크게 높이고자 했기 때문일 것이다.

14장의 끝부분에, "제자들은 기쁨과 성령이 충만하니라"라는 기록이 있다. 하나님의 인격체 성령은 여전히 우리 앞에 계신다. 기쁨의 충만조차도 성령역사의 결과 가운데 하나다.

성령의 증언이 14장에서 다시 전보다 강도 높고 면밀하게 전시되고 선포된다. 14장 3절에는, 사도행전에서 풍성하게 나타나는 성령의 일하심에 관한 간접적 언급들의 한 사례가 있다. "주께서 그들의 손으로 표적과 기사를 행하게 하여 주사 자기 은혜의 말씀을 증언하시니." 어떻게? 성령의 행위에 의해서다.

그리스도는 제자들에게 이렇게 약속하신 바 있다. 제자들이 나가서 그리스도에 대해 증언할 때에 또 한 분(성령)이 그들과 함께, 그리고 그들에게 그리스도에 대해 증언하신다는 것이다. 성령의 이 증언은 제자들의 증언을 확증하고 인치는 더욱 강력한 증언이다. 우리는 성령행전 전체에 걸쳐 진행되고 있는 이 이중적 증언을 추적할 수 있다. 사실은, 우리가 이미 살펴본 대로, 성령의 증언은 삼중적이다. 성령이 제자들에게, 제자들과 함께, 제자들을 통해서 증언하시는 것이다.

사도행전의 본문에서 성령의 증언은 제자들의 증언 및 그들의 사역을 확증해 주고 있다. 제자들이 부활하신 그리스도에 대해 증언하는 동안, 성령도 또한 권능으로 표적과 기사를 일으킴으로써, 그리고 모든 기적 중 가장 큰 기적인 심령의 중생을 일으킴으로써, 제자들과 제자들의 말씀을 증언해주신 것이다. 복음 선포의 그런 결과들은 하나의 실물 증거 제시임과 동시에 하나의 확증이다.

우리가 지금 고찰하고 있는 이 구절(사도행전 14:3)에서 제자들의 증언과 함께 하는 성령의 합력 증언(joint testimony)이 언급되고 있다는 사실은, 영감된 말씀의 다음과 같은 세 구절을 나란히 놓고 비교해보면 어느 독자라도 금방 알 수 있을 것이다.

"진리의 성령이 오실 때에 그가 나를 증언하실 것이요, 너희도 … 증언하느니라"(요한복음 15:26-27).

"제자들이 나가 두루 전파할새 주께서 함께 역사하사 그 따르는 표적으로 말씀을 확실히 증언하시니라"(마가복음 16:20).
"하나님도 표적들과 기사들과 여러 가지 능력과 및 자기의 뜻을 따라 성령이 나누어 주신 것으로써 그들과 함께 증언하셨느니라"(히브리서 2:4).
이 구절들과 함께 사도행전 15:8도 보라. "또 마음을 아시는 하나님이 우리에게와 같이 그들에게도 성령을 주어 증언하시고."

사도행전 14장 26절의 특이한 표현, "거기서 배 타고 안디옥에 이르니 이 곳은 두 사도가 이룬 그 일을 위하여 전에 하나님의 은혜에 부탁하던 곳이라"라는 말씀은, 그 다음 장의 유사한 구절(15:40)처럼 성령의 인도하심에 대한 또 하나의 간접적인 언급일 수도 있다. 선교 사역을 위해 특별하게 구별된 두 제자가 성령의 임재와 인도와 권능에 위탁되고 위임되고 맡겨졌다는 뜻이 아니라면, 이 구절은 무엇을 의미하겠는가?

사도행전이 성령의 거룩한 다스림으로 가득 차 있는 이상, 또한 거기에는 성령의 뜻에 대한 자발적인 복종과 내어맡김이 가득 차 있다. 성령의 뜻에 대한 자발적 복종과 내어맡김은 참된 모든 동역 및 공동증언에 필요한 필수 요소이다. 한편에서는 성령이 사람에게 무언가를 부여하시고, 다른 한편에서는 사람이 성령께 의탁하며 위임한다. 이것들이 주의 사역에서 능력이 나타나는 비결이다.

성령은 우리가 자신과 타인들을 성령의 복된 통치 및 주재(主宰)에 위탁하는 한도 내에서만 우리를 다스리실 수 있다. 이처럼 성령의 신적인 "인도와 지배"에, 교회가 위탁하고 스스로가 스스로를 위탁한 자들은, 후에 바울과 바나바처럼 하나님께서 자신들과 함께 행하신 일에 대해 교회 앞에 들려줄 게 많을 것이다.

성령 하나님은 도구인 인간들을 통해 행동하시며 위대한 일들을 행할 수 있다(사도행전 14:27, 15:3, 4, 12). 성령께서 자신의 보유와 사용에 전적으로 의탁하는 인간도구들을 얻으실 경우, 성령은 불신자들에게 믿음의 문을 여시거나 신자들 가운데서 믿음의 역사를 확고히 할 수 있다. 우리 자신을 이처럼 성령께 의탁하고 위임하는 것은, 구원받은 믿음의 한 측면 즉 신뢰(trust)라는 측면에 해당하는 것이다.

프리벤더리 웹-페플로(Prebendary Webb-Peploe)가 잘 말했듯이, "믿음은 받아들이는 것이며, 신뢰는 위탁하는 것이다." 전자는 얻는 것이고 후자는 드리는 것이다. 전자는 하나님의 말씀에 근거해 하나님으로부터 영생의 선물을 받는 것이며, 후자는 하나님이 주신 생명을 하나님이 보유하고 사용하시도록 자신을 양보하고 하나님께 되돌려 드리는 것이다.

후자, 즉 위탁이라는 이 측면은 "드리다(yield)"라는 용어가 훌륭하게 표현해준다.[7] "오직 너희 자신을 죽은 자 가운데서 다시 살아난 자 같이 하나님께 드리며 너희 지체를 의의 무기로 하나님께 드리라(yield, KJV)"(로마서 6:13).

바울은 디모데에게 이렇게 말했다. "내가 믿는 자를 내가 알고 또한 내가 의탁한 것을 그 날까지 그가 능히 지키실 줄을 확신함이라"(디모데후서 1:12). 이 구절에 신앙의 네 단계가 있다. 믿음(belief), 확신(persuasion), 의탁, 앎 혹은 확실히 보장받음(assurance)이 그것이다. 그러므로 성령에 대한 우리의 관계는 이중적 측면이 있다. 첫째는, 우리가 성령을 그리스도의 승천선물로 받는 것이며, 다음은 우리가 자신을 성령의 내주, 내적 역사(役事), 외적 역사에 맡기고 위탁하는 것이다.

전자는 마음과 존재 전체를 열고 성령의 복된 들어오심을 받아들이는 것이며, 후자는 성령이 내주하시는 우리의 존재 전체를 성령의 장악과 권능과 사용과 통제에 내어드려, 우리 신체의 모든 지체, 우리 지성의 모든 기능, 우리 심령의 모든 감정을 성령의 요구에 복종시키고 성령의 명령에 기꺼이 따를 수 있게 하는 것이다.

---

[7] 영어에서 '일드'(yield)는 타인에게 먼저 '양보하다'는 의미를 지닌다. 교통 사인으로 미국에는 일드가 상당히 많다. 작은 길에서 좀 더 큰 도로로 진입하는 진입구에 이 사인이 있는데 작은 길에서 좀 더 큰 길로 가는 운전자가 좀 더 큰 길에서 운행하는 운전자가 있다면 가야 할 권리를 포기하고 그 권리를 그에게 양보하고 나서 진입하라는 의미이다.

휘하에 군사를 거느린 그 로마의 백부장도 "남의 수하에 있는 사람"이었듯이(마태복음 8:9), 우리 존재의 생래적 주권자 그 자체인 우리의 의지(意志)가 오로지 하나님의 성령의 종노릇만 할 수 있게 해야 한다. 신체와 마음의 모든 예속적 기능들을 향해 "이것을 하라"라고 명하되, 그런 모든 명령을 오로지 성령의 이름으로만 발해야 한다. 우리 의지 자체의 주권과 우리 의지의 모든 권위는, 성령의 권위에서 파생된 것으로 간주되어야 한다.

모든 제자들이 배워야 할 최고의 교훈은 온 마음을 다해 성령께 자아를 내어드려야 한다는 것이다. 이것은 즐겁고도 감사한 일이다. 성령의 처분에 먼저 자신을 맡기는 신자는 누구나, 성령의 모든 권능을 자유롭게 사용할 수 있다. 성령께 대한 복종은, 다른 것들에 대한 지배권을 의미한다. 우리가 성령께 복종하는 분량만큼, 귀신들조차도 주의 이름으로 우리에게 복종한다.

성령은 다른 이에게 자신의 권능을 옮겨 저장하거나 자기 영광을 줄 수 없다. 그러나 위와 같은 경우는, 성령의 권능이나 성령의 영광이 옮겨 저장되는 게 아니다. 그것은 마치 전기 배터리가 강력한 전류를 중간 매개체에 전달하는 것과 같다. 당신은 이 신비로운 힘의 발전기와 접속해 있는 한, 전기력 혹은 자기력을 띨 수 있다. 당신이 얼마나 완벽하게 접속되어 있느냐에 비례해, 그리고 당신이 얼마나 훌륭한 "전도체"이냐에 비례해, 배터리 안에 내재한 권능이 당신을 통해 전달된다.

"두 사람이 성령의 보내심을 받아 실루기아에 내려가"(사도행전 13:4). 즉 그들은 보내심을 받자 즉시 앞으로 나아갔다. 여기에는 두 사람이 스스로를 성령의 인도에 내어주었다는 암묵적 의미가 있다. 초자연적 복음은 초자연적 결과를 달성하도록 되어 있기 때문에, 그 복음의 배후에, 그리고 복음의 메신저들 배후에 초자연적 권능이 필요하다. 그리스도의 사자들인 우리는, 우리가 하나님의 일들을 다루고 있을 뿐만 아니라, 하나님의 인격체이신 성령과 상대하고 있음을 감지할 필요가 있다. 또한 우리가 성령께 복종하며 성령의 통제와 인도에 순복할 때에만 권능을 발휘할 수 있다는 점도 깨달아야 한다. 뉴욕의 스키너(Dr. Skinner) 목사는 "다가올 세상의 권능에 대한 의식"만큼, 강력한 사역에 이바지하는 것은 없다고 말하곤 했다.

매우 학구적이고 성공적인 목회사역, 극히 완벽한 교회 조직과 온갖 외적인 교회 번영을 누리면서도 성령의 권능을 결여하는 것은 얼마든지 가능하다. 교회가 숫자적으로 증가하면서도 주님께로 회심하는 자가 없는 현상은 얼마든지 가능하다. 교회 안으로 들어가는 길은 쉽게 만들어 놓고, 정작 교회지상주의(ecclesiasticism: 교회의 관행, 전통 등을 극히 중시)의 우상들에 의해 그리스도께로 가는 길은 가로막고 있는 경우도 얼마든지 가능하다.

오늘날 헌신(consecration)에 대한 얘기는 많지만 이는 단지 인간적인 결심을 의미할 뿐이다. 그 안에 성령께 사로잡힘, 내부기질과 삶의 온전한 변화, 하나님의 사랑을 널리 흘려보냄, 마음의 성전을 하나님의 영광으로 가득 채움 등은 없다. 대단히 많은 사역을 하면서도 성령 없이 오로지 육의 에너지로만 하는 경우가 있다. 사람이 성령의 보내심을 받아, 성령의 명령에 따라 떠나가면서 거룩한 겸손으로 미가처럼 고백한다는 것은 얼마나 복된 일인가! "오직 나는 여호와의 영으로 말미암아 능력과 정의와 용기로 충만해져서"(미가 3:8).

바나바와 바울은 이 첫 선교여행을 마치고 안디옥으로 귀환했다. "그들이 이르러 교회를 모아 하나님이 함께 행하신 모든 일과 이방인들에게 믿음의 문을 여신 것을 보고하고 제자들과 함께 오래 있으니라"(사도행전 14:27-28). 그 후 예루살렘으로 가는 도중 그들은 "베니게와 사마리아로 다녀가며 이방인들의 주께 돌아온 일을 말하여 형제들을 다 크게 기쁘게 하였더라"(사도행전 15:3). 예루살렘에 가서도 마찬가지로 그들은 "하나님이 자기들과 함께 계셔 행하신 모든 일을 말"했으며, "하나님이 자기들로 말미암아 이방인들에게 행하신 표적과 기사"를 고하였다(사도행전 15:4,12).

성령께 보내심을 받고 성령의 명하심에 따라 나간 사람들은 언제나 보고할 말이 많을 것이다. 그러나 그것은 자신에 관한 얘기와 자신의 위대한 업적에 관한 얘기가 아닐 것이다. 바나바와 바울이 들려준 이야기는 비록 놀라웠지만 그 얘기가 그들 자신의 겸손만큼 더욱 돋보이게 하지는 않았다. 그들이 스스로를 부각시키지 않기 위해 얼마나 조심스럽게 말했는지 살펴보라. "하나님이 자기들과 함께 계셔 행하신 모든 일," "하나님이 이방인들에게 믿음의 문을 여신 것," "하나님이 자기들로 말미암아 이방인들에게 행하신 표적과 기사"를 그들은 얘기했다.

이 복음처럼 시종일관 우리를 겸손하게 하는 것은 없다. 우리는 영생을, 우리 자신의 온갖 선행과는 전혀 무관하게, 하나님의 선물로 거저 받는다. 우리는 영생의 선물을 받을 때, 그것을 매순간 보존하고 양육해야 한다. 우리가 성령을 받을 때 성령은 우리에게 권능을 주신다. 아니 우리 안에서 권능이 되어주신다. 그리고 이 권능조차도 우리가 자신을 믿거나 신뢰하는 순간 나타나지 않을 것이다.

이것은 사도행전 14-15장만의 교훈이 아니라 사도행전 전체의 가르침이다. 한 성도나 교회가 기도나 복음 전파에서 권능을 발휘하며 하나님을 위해, 하나님과 함께 일하고자 한다면, 유일한 희망은 성령의 지속적인 내주와 내적 역사뿐이다.

우리가 성령을 하나님으로서 사랑하고 예배하고 사모한다면, 성령의 임재와 주재하심을 인정하고 소중히 여긴다면, 성령의 권위에 복종해 성령의 영광을 위해 모든 일을 수행한다면, 성취한 모든 일을 겸손하게 성령의 역사로 돌린다면, 성령은 계속해서 교회 안에 자기 보좌를 두실 것이며 교회를 그리스도의 진정한 몸으로 삼아, 각 지체가 교회의 머리이신 그리스도께 순종하게 하실 것이다.

9장
성령의 상담자 역할과 성령의 승인

이제 우리는 제 5의 복음서라 할 수 있는 이 성령행전의 심장부에 이르렀다. 사도행전의 전체 기사들 가운데서 거의 중앙에 위치하고 있는 15장은 교회 내에서 이루어지는 성령의 역사 및 성령이 교회와 동역하심을 유달리 뚜렷하게 보여주는 가운데, 성령 활동의 중심축 역할을 한다. 아울러 15장은, 자기 비하적(卑下的)인 성령의 사랑과 성령의 은혜에 관한 계시들이 서로 만나 하나의 강렬한 영광 지점을 이루고 있는, 그런 집합 초점이기도 하다.

이 이야기의 진행과정에서, 깜짝 놀랄 정도로 인상적인 표현, 본서의 다른 곳에조차 나오지 않는 둘도 없는 기이한 말, 일견하기에 불경해 보이는 문장이 등장한다.

"성령과 우리는 … 가한 줄 알았노니"(사도행전 15:28).

이것은 예루살렘에서 열린 이 최초 교회 공의회의 결론과 결정에 대한 공식적인 고지다.

사도와 장로들은 의식(儀式) 존중주의라는 다소 골치 아프고 성가신 문제를 놓고 모여 회의를 연다. 이것은 기독교 윤리학의 영역과도 매우 밀접한 관계가 있었다. 그리고 그들의 "공식의견"을 모으고 공식적으로 이를 편지에 담아서 자신들의 최종 평결을 전달할 때, 그들은 대담하게도 성령을 회원 중 한 분으로, 동료 상담역으로 간주한다. 말하자면, 성령이 그들과 함께 연대해 공동 결론을 선언하신다는 것이다. 이는 마치, 하나님의 성령이 그들과 함께 한 자리에 앉아서 문제를 토의했고, 최고 고문으로서 그들과 함께 조언을 주었으며, 이제 그들과 함께 이 공식의견을 개진하고 그들의 결론에 승인함으로써 거기에 도장을 찍었다는, 그런 어투의 표현이다.

그와 같은 언어, 그에 근사한 어떤 말도 하나님의 말씀, 성경의 다른 곳에는 등장하지 않으므로, 우리가 이 구절의 강조점을 놓쳐서는 안 된다. 이방인 회심자들에게 보낸 이 서한의 앞부분에서, 예루살렘 공의회에 모였던 제자들은 이렇게 말했다. "사람을 택하여 … 너희에게 보내기를 만장일치로 결정하였노라"(사도행전 15:25-26). 이것은 회합을 통해 공동 문제들을 토론한 형제들의 자연스런 어법이다.

그러나 회의의 의장임과 동시에 최고 상담역이신 그 분의 이름을 언급해야 마땅하다는 듯, 그들은 이제 이방인 교회들에 주는 메시지의 핵심부에서 이렇게 부언한다. "성령과 우리는 … 옳은 줄 알았노니." 이 구절에는, 성령이 그들과 함께 회합해 그들과 일치된 의견을 보였다는 의미가 들어있다. 이 고귀한 진리는, 사도행전의 가르침 가운데서 정점에 해당하는 것 같다.

사도행전 5장에서 이미 우리는 성령의 임재하심과 의장역할이 교회 안에 나타나는 것을 보았다. 그러므로 외견상의 수장인 베드로의 등 뒤에서 성령은 사건의 실질적 주재자로 서 계셨다. 그 다음 사도행전 6장에서 우리는 성령이 전 교회의 대주교로서 모든 예속 사무들을 관할하시는 장면을 보았다. 그러므로 먼저 성령으로 충만해 성령과 함께 협동하고 성령께 복종할 준비가 갖추어진 사람들만이 그런 사무들을 집행할 수 있었다.

나아가 8장과 9장에서 우리는 성령의 개인적인 다루심과 이끄심 및 선택된 일꾼들과 진리 찾는 영혼들을 함께 연결해주시는 성령의 역할을 추적해 보았다. 진일보해, 13장에서는 성령이 최초의 두 선교사를 선택하고 그들의 이름을 불러 구별한 후 그들을 타 지역으로 파송하시는 것도 보았다.

그리고 이제 15장에서 우리는 가일층 높은 단계에 도달한다. 여기서는 성령이, 일반회원들보다 높은 주권자의 자리에 좌정하실 뿐만 아니라, 그보다 낮은 동료 상의자의 자리로 내려오신다.

여기에, **교회 공의회의 참된 성격**이 무엇이어야 하는가에 관한, 모든 시대를 위한 교훈이 있다. 소위 "예수 그리스도의 의회"라고 불리는 것이, 오히려 불신자들의 회합과 같았을 경우가 너무나 빈번했을 뿐만 아니라, 심지어 "사탄의 회"와 같을 때도 있었다.

업무를 위한 교회 회의, 심지어 목회자의 선택과 같은 신성한 업무를 위한 회의, 교회의 보다 광범위한 관심사를 조정하는 고등 회의 등에서 우리가 교묘한 외교술, 세속적 정책과 타협적인 편법, 심지어 새빨간 속임수와 부정직함이 실행되는 것을 볼 때, 그리고 파당 정신이 존재해, 교회 안에서 파벌끼리 얼굴을 붉히고 논쟁하며 서로 싸우는가 하면, 정치꾼들이 막후에서 조종하며 개인적이고 이기적 모략을 추구하는 것을 볼 때, 나아가 기도나 찬양소리는 거의 들리지 않고 흥분하거나 화가 난 자들의 소음과 혼란과 떠드는 소리가 난무하는 쟁론을 볼 때, 때로 정치적인 임원회를 불명예스럽게 만들 소동의 장면들을 목격할 때, 우리는 멈추어서 이렇게 묻지 않을 수 없다. 이것이 그리스도의 회의인가? 여기에 성령이 계시는가? 이것이 신적인 대주교 성령의 관할구인가? 아니면 "사탄의 자리"인가?

만일 성령의 임재에 관한 의식이 실제로 존재한다면, 만일 만사를 성령의 존전에서 하듯 말하고 행동한다면, 교회의 모든 회합에 얼마나 급진적인 혁명이 일어나겠는가! 교회의 모임들이 명목상으로는 주님의 특별 사업의 처리를 위해 소집되고, 하나님의 성령의 임재와 인도하심을 위한 엄숙한 기도로 개회되는 것을 우리는 보아왔다. 그러나 어떤 특정 행동 방침을 굳힌 측이 의도적으로 성령의 인도하심을 자기와 한편으로 "꾸려 놓고," 그렇게 미리 결정된 정책에 대해 누가 반대할라치면 폭동적인 시위와 격렬한 소란을 일으키는 것도 보았다. 혹은 교회 회의가 소집되고 외적인 질서와 품위유지를 외견상 존중하는 듯 보이기도 하지만, 모종의 물밑 모의를 꾸민 가운데, 교묘한 책략을 조용히 수행하면서 모든 반대를, 그것이 제아무리 신실하고 합리적인 것이라 하더라도, 쳐부수는 경우가 없지 않았다. 그런 행동은 실질적으로 성령을 의장자리에서 끌어내리는 행위가 아니고 무엇이겠는가?

반면에 그리스도의 교회들 가운데, 20년 동안 성령의 임재에 대한 의식을 습관적으로 용의주도하게 배양해온, 최소한 한 교회의 이름을 우리는 언급할 수 있다. 그 교회의 경우, 모든 일은 주님께 하듯, 주님 앞에서 하듯 수행된다. 제자들은 보이지 않는 임재자가 앞에 계시듯 부드럽게 걷는다. 성령의 마음과 조화되지 않거나 성령의 인도하심과 적극적으로 일치하지 않는 것처럼 느껴지는 일은, 어떤 것도 수행되거나 허용되지 않는다.

그 교회에서는 소란과 아우성이 성령의 장엄한 위엄에 대한 모욕으로 간주되고, 온갖 불복종은 성령의 정당한 주권에 대한 모욕으로 간주되었다. 그 교회에서는 무엇보다 먼저 성령의 마음을 묻고 찾으며 기다린다. 마치 어느 문의자가 갈림길에서 조처를 취하기 전 신탁의 응답을 기다리듯 말이다. 그 교회에는 성령의 임재로 향기를 내고 성령의 생명력으로 영감을 주는, 어떤 특정 분위기가 팽배해 있다.

그러한 일단의 제자들이 도달한 결론들 중에는, 현재조차도 불경스러움이 없을 것이다. "성령과 우리는 … **옳은 줄 알았노라**"고 기록되어 있으니 말이다.

사도행전이 가르친 모든 교훈들 가운데, 이 교훈보다 더 깊고 지속적인 감동을 남기도록 설정된 교훈은 아마 없을 것이다. 성령의 행하심이 현실적, 효과적, 항구적으로 나타나기 위해서는 우리가 성령의 역할을 인정해야 한다. 이 점에서도 다른 수많은 경우와 마찬가지로 원리는 이것이다. "네 믿은 대로 될지어다." 이것은 오직 믿음의 사람에게만 계시된 사실이고 믿음으로만 가능한 사실이다. 성령의 임재는 육체의 기관이나 감각으로 보거나 듣거나 느끼거나 알 수 있는 것이 아니다. 그러나 성령과 교제하는 영은 그것을 알 수 있다.

성령을 경외하고 인정하며 성령이 실제로 임재해서 사회하고 인도하고 가르치고 지도하고 통치하신다고 믿을 때, 그런 곳에서 성령은 현실적으로 복스러운 온갖 통치 직무를 수행하신다. 성령의 조언을 믿음으로 구하고 기다리는 곳에서, 그리고 모든 발걸음이 성령의 눈 아래 있는 것으로 간주하고 성령의 눈빛에 순종하는 곳에서, 성령은 현실적으로 인도하고 다스리신다. 그렇게 해서 도달한 결론에 대해, "우리"뿐만 아니라 "성령"도 "가한 줄 알았다"고 말하는 것은 불경이 아니다.

그러나 성령이 임재해 계시지 않은 것처럼 성령을 무시하거나, 성령이 예배와 경외, 순종을 받으시기에 합당하지 않은 것처럼 성령을 경멸하는 곳에서는, 성령이 슬퍼하고 소멸되시며, 사실상 교회 안에 있는 성령 자신의 보좌를 버리고 그 자리를 보위찬탈자에게, 세상에, 이 세상의 임금에게 내어주실 것이다. 그리하여 교회 안에서 세상 임금의 현존과 지도가 실질적으로 선호될 것이다.

이 한 구절은 지성스럽게 공부해야 할 필요가 있고, 이 구절의 교훈은 철저히 익혀야 할 필요가 있다. 그리하여 우리의 전 교회 행정 안에 사도시대 이후 경험해 보지 못한 새로운 생활원리와 능력원리를 도입해야 한다. 교회 회의의 뜰을, "뱀처럼 지혜롭게"하나 슬프게도 전혀 "비둘기처럼 순결하지" 않은 음모꾼들을 위한 보금자리로, 교회정치의 여우들을 위한 은신처로 만들지 말고, 하나님의 집처럼 거룩하고 신성한 곳으로, 하늘 문처럼 매력적이고 영광스러운 곳으로 만들어야 한다.

이 문제에 관해 교회에 복된 증언을 남긴 한 사람의 목소리와 펜이 있다. 그는 이 위대한 주제에 대해 저술로써 마지막 공헌을 남겼다. 고든(A. J. Gordon, D. D.)은 교회 내의 성령의 통치를 연구하고 변호하는 일에, 20년이 넘도록 조용하고도 열정적으로 고귀한 힘을 쏟았다. 이 주제에 관한 완벽한 증언을 담고 있는 네 권의 책을 그는 남겼다. 이 책들은 본 주제에 관한 완벽 문헌이라 불러도 과언이 아닐 정도다.

성령의 사역(*The Ministry of the Spirit*)이라는 책에서 그는 성령의 다중적인 직무 및 성령이 일하시는 방식들을 다룬다. **성령과 선교**(*The Holy Spirit and Missions*)라는 저서에서는, 성령이 출현해 최초의 선교사들을 선택하고 파송하고 있는 사도행전 13장에 대한 실용적 주석을 제공한다.

그의 저술 그리스도는 교회에 어떻게 오셨는가(*How Christ Came to Church*)는 성소 안에 나타난 주님의 임재에 관한 한 꿈에 근거를 두고 있는데, 교회의 삶을 성령이 사도행전의 지면에 남기신 모범에 맞추고, 성령의 실제적 통치를 교회 안에서 현실화하는 문제를 다루었다.

그의 **대관식 찬송가**(*Coronation Hymnal*)는 찬양예배 시에 성령이 사용하시기에 적합한, 그리고 에베소서 5:19 및 골로새서 3:16 등 바울 서신들에서 명백하게 분부하고 있는 것과도 어울리는, 영적인 노래들을 제공하고자 한 작품이다. "시와 찬미와 신령한 노래들로 서로 화답하며 너희의 마음으로 주께 노래하며 찬송하며." "모든 지혜로 피차 가르며 권면하고 시와 찬미와 신령한 노래를 부르며."

고든 박사가 평생에 걸친 복된 사역으로 교회에 남긴 유산들 가운데, 성령에 관한 그의 이 증언들보다 값진 유산은 아마 없을 것이다. 이것은 옛 시대의 선지자들과 마찬가지로 그의 마음과 심령에 지속적인 "짐"이었다. 그는 자신이 복음을 전하지 않으면 안 된다는 어떤 강박관념을 가지고 있었지만, 그가 남긴 최선의 업적은, 성령의 통치에 관한 이론을 출간해 실용적 도움을 크게 준 것이다.

4반세기 동안 그는 끈질기게 성령론을 가르치고 설교하며, 자신의 뜻이 아닌 성령의 높은 뜻을 수행하고자 성령의 권능을 간절히 구하는 가운데, 자신이 목회하는 교회의 사역 속에 스며들어온 세속적 요소들을 점진적으로 제거했다. 마침내 그의 교회는 사도교회의 독특한 광경을 연출했으며, 헌신된 사람들이 지휘하고 성경적 원리들이 지배하며 성경적인 행위를 격려하는 그런 교회가 될 수 있었다.

예배 음악은 온전히, 경건한 지도자들의 손에 의해 다루어지고, 모든 헌금은 자원하는 마음으로 드려졌다. 기도를 중시했으며, 성령이 영광을 받으셨고, 국내 및 해외 선교 사역을 충심으로 수행했다. 그 결과 이 교회는, 그 교회가 소속한 교단 전체의 지도자가 되었다. 이 교회야말로, 타락한 이 시대에도 옛날처럼, 하나님의 성령이 지배적 권능자로서 자기 백성 가운데서 보좌를 차지하고 인정과 순종과 영광을 받으실 수 있으며, 회심과 헌신, 은사와 섬김 등의 경이로운 일들을 일으키실 수 있다는, 불변의 증거로 우뚝 서 있다.

이 교회는 절대로 혼자가 아니다. 필자는 영국 브리스틀(Bristol)에 있는 동안, 조지 뮐러(George Müller)의 목회사역 하에 모인, 형제단이 회집하는 교회당을 방문한 적이 있다. 반세기 전 그는 사도적인 교회를 세운다는 독특한 목적을 가지고 소수의 제자들과 함께 성만찬 식탁에 둘러앉았다. 그 교회에서는 성경의 모범을 유일한 지침으로 삼고, 성령을 유일한 통치자로 인정했다.

그 작은 양 무리는 점점 증가해 마침내 두 떼는 아니지만, 다수가 되었다. 그러나 그 긴 세월이 흐르는 동안에도, 처음에 선택했던 모델로부터 이탈한 적은 없었다. 세속적 행위와 방법들은 배제되어 왔으며, 영적 방식을 굳건히 고수했다. 그러므로 그 교회를 다스리는 유일한 분은 성령이시라고 말해야 옳다. 성령은 그 자신에 관한, 그리고 그 자신의 거룩한 임재 및 권능에 관한 분명한 표징들을 계속해서 주시는 분이다.

필자는 브리스틀에 있는 잘 알려진 이 교회의 기도회에 참석하게 되었다. 그 때 대략 3백 명의 사람이 모였는데, 필자는 예배실로 들어가는 입구에서부터 한 가지 생생하고 감동적인 느낌을 받았다. 어떤 불가시적인 임재(Presence)가 이곳을 가득 채우고 있었으며, 인간 지휘자는 불필하게 보일 정도로 그 분이 뚜렷하게 현장을 지배하고 계셨다.

예배는 자연발생적이었고 순전히 자발적이었다. 형제들은 자신들이 감동을 받은 대로 기도와 찬양, 권면과 권고 등을 실시했는데, 어떤 프로그램이나 사전의 안배가 없는 것 같았다. 그럼에도 모든 것이 조화롭고 모순 없이 일관되었다. 그 예배는 마치 홀연히 사도시대로 옮겨간 것 같았다.

그리고 주목해야 할 것은 이 제자 집단이 모든 일에서 함께 움직인다는 점이다. 여타 교회들은 교회 안팎으로 수많은 조직들을 만들고 증가시킴으로써 교회체제가 하나의 거대하고 주체스럽고 복잡한 기계장치가 되고, 남녀노소를 상호 분리시켜 별개의 집단들로 만들 우려가 다분한데 반해, 이 그리스도의 교회에서는 주를 위해 행하는 어떤 사역에서든 모든 이가 한데 연합해 있다.

교회들을 불공평하게 비교하는 것이나, 어느 한둘의 교회 조직을 과도하게 높이거나 칭송하는 것은, 결단코 필자의 의도가 아니다. 그러나 우리를 포위하고 있는 어떤 위험성이 존재한다는 것은, 극히 위중한 현실이다. 영감된 이 책, 사도행전의 가르침은 틀림이 없지만, 그것이 실천 불가능한 이론으로 간주되고, 교회사상(敎會史上) 현 시대에는 실현하기를 기대할 수 없는, 과거의 한낱 꿈으로 쉽게 치부될 우려가 있다.

그럼에도 하나님은 소수 교회의 사례들을 통해, 이 타락한 시대에도 사도적 모델은 도달할 수 없는 것이 아님을 증명해 보이셨다. 하나님은 지금도 충분한 숫자의 실례들로써 교회의 통치에 관한 자신의 원칙을 가르치고 계시며, 이를 통해 성령의 현실적, 적극적, 임재적 지휘와 통제가 실행 가능한 축복임을 입증하고 계신다. 적어도 상기 교회들의 경우 그 점은 논박할 수 없는 사실이다.

서두에서부터 지금까지 언급해온 보스턴의 고든(Gordon) 목사는 다음과 같은 것들을 힘주어 말했다. 그 자신에게는 소위 "수행 능력"이라는 것이 결여되어 있음을 스스로가 자각하므로 그는 더욱 강한 이끌림을 받아 성령의 통치에 겸손히 의지하게 되었다고 한다. 또한 성령의 통치를 의지한 그 때로부터 성령은 눈에 띄게 뚜렷이 인도하셨고, 성령은 원하시는 자를 자극해 여러 가지 형태의 국내와 해외 선교 활동을 시작하셨다.

그리하여 마침내 어떤 인간의 기획 없이, 어떤 외적 노력 없이, 중국인들과 유대인들, 폭력적인 사람들과 알코올 중독자들 및 버림받은 여인들, 기타 다양한 소외 계급을 위한 선교활동이 자연스럽게 일어나고 걱정 없이 지속되었다는 것이다. 그 다음에는 기독교 사역자들을 위한 커다란 훈련학교가 마치 저절로 된 듯 생겨나고, 거기서 수백 명이 매년 가르침을 받았다. 이어서 새로운 해외 선교도 일어났다고 한다.

"성령과 우리는 옳은 줄 알았노니"라는 그 신성한 구절 속에 어떤 의미가 들어있는지를 우리가 알게 된다면, 확실히 어떤 세속적 흥미나 세속적 방법은 희생시켜도 좋으리라.

10장
성령의 제지와 강권

사도행전에서 우리는 놀라운 새 일들을 계속 조우하게 된다. 사도행전 16장에는 성령의 활동들 가운데 제지와 강제, 금지와 허용이 나타나 있다. 이것은 성령의 새로운 특성 혹은 기능이다. 성령은 바울과 디모데로 하여금 "아시아에서 말씀을 전하지 못하게 하셨다."(사도행전 16:6. KJV, "성령에 의해, 아시아에서 말씀 전하는 것이 금지되어," 콜뤼쎈테스 κωλυθέντες[금지되어]). 또한 그들이 "비두니아로 가고자 애쓰되 예수의 영이 허락지 아니하셨다"(사도행전 16:7. 에이아센 εἴασεν[허락했다]). 여기의 언어는 의미가 명백하다.

성령이 왜 이렇게 그들을 저지하거나 혹은 다른 데로 돌리셨는지, 그 이유는 뚜렷이 나타나지 않는다. 어쩌면 그 지역들은 다른 때와 다른 일꾼들, 다른 방법을 위해 보류해 두셨는지도 모른다. 우리가 지금 그에 관한 추론을 다루고자 한다면, 그 이유를 추론하기는 어렵지 않을 것이다. 어쨌든 모종의 이유로 하나님이 정하신 기한이 아직 도래하지 않았었다. 그러므로 그들의 의도와 노력에도 불구하고 그들은 "제지당하고," "허락받지 못했다."

본문에 성령이 제지하셨다(혹은 허락하지 아니하셨다)는 내용의 말씀이 두 차례 나온다. 그러나 바로 뒤를 이어 나오는 내용을, 성령의 이 제지 행위와 나란히 비교해보아야 한다. 바울은 환상을 통해 마게도냐로 가라는 지시를 받았다. 그 환상은 매우 생생하고, 착각할 우려가 없는 매우 확실한 환상이었음에 틀림없다. 그래서 사도행전의 저자 누가는 이렇게 부언한다. "바울이 그 환상을 보았을 때 우리가 곧 마게도냐로 떠나기를 힘쓰니 이는 하나님이 저 사람들에게 복음을 전하라고 우리를 부르신 줄로 인정함이러라"(사도행전 16:10).

바울은 이 부르심을 확신했으므로, 비록 그와 실라가 처음에 기대했던 열린 문 대신, 잔인한 채찍과 투옥, 고통스런 차꼬라는 낯선 환영을 받게 되었지만 그들은 한밤중 감방을 찬양 소리가 메아리치는 공간으로 만들었고, 마침내 그 빌립보 감옥은 하늘의 문이 되었다! 여기서 다시 우리는 극히 중요한 새 교훈을 배우게 된다.

성령은 여기서 우리에게 자신의 통치 행위 가운데 또 하나의 다른 것을 보여주신다. 사도바울과 그의 동역자에 대한 이중적인 인도하심이 그것이다. 한편으로 **금지와 제지**가 있었고, 또 한편으로는 **허용과 강권**이 있었다. 그들은 한 방향으로 가는 것을 금지 당했고, 다른 방향으로 가도록 인도 받았다. 한 방향으로는 성령이 "가지 말라"고 이르셨고, 다른 방향으로는 성령이 "오라"고 부르셨다.

역사상 초자연적 제지와 강권을 통해 하나님의 종들의 진로가 바뀐 경우가 많다. 리빙스턴은 중국에 가고자 했으나 하나님은 이를 허용하지 않고 그를 아프리카로 보내어 그곳의 선교전략가, 정치인, 탐험가가 되게 하셨다. 그보다 먼저 윌리엄 케리(Carey)는 남태평양의 폴리네시아제도(諸島)를 가기로 계획했었으나 하나님은 그를 인도로 인도해, 세계 인구의 6분지 1에게 모국어 성경을 줄 수 있는 토대를 만들게 하셨다. 저드슨(Judson)은 인도로 갔으나 버마로 쫓겨 갔으며 거기서 모든 연령을 위한 사도적 교회를 세웠다.

바나바스 쇼(Barnabas Shaw)는 보얼랜드(Boerland)로부터 밀려나, 어디로 가야 할 것인지를 알지 못하고 수레 끄는 암소와 짐수레를 하나님의 인도하심에 맡긴 채 지내고 있었다. 그런데 28일째에 그의 "마게도냐 사람," 나마콸란드(Namaqualand)의 추장이 누군가의 인도로 그에게 와서, 글자 그대로 이렇게 말했다. "건너와서 우리를 도와주시오."

아직도 밝혀져야 할, 하나님의 인도하심에 관한 비밀들은 얼마나 많은

10장 성령의 제지와 강권　95

가! 수천수만에 달하는 하나님의 종들이 하나님께 금지를 당해 그들 자신의 계획을 따르지 못했다. 이는 하나님께서 그들이 기대하지 못한 모종의 섬김의 문을 그들 앞에 여시고자 했기 때문이다.

그러므로 우리가 하나님의 인도하심을 신뢰하고 하나님의 제지와 강권에도 동일하게 기뻐해야 할 필요성이 얼마나 지대한가! 우리를 인도하시는 무한한 지혜와 사랑의 하나님이 계실진대, 우리는 우리 삶을 위한 하나님의 완벽한 계획을 머리털 한 올 만큼이라도 바꾸려 해서는 안 될 것이다.

루디아의 경우에는 성령에 대한 직접적인 언급이 없지만, 그녀의 귀와 심령을 복음에 대해 연 것은 성령의 행위였다. "두아디라 시에 있는 자색 옷감 장사로서 하나님을 섬기는 루디아라 하는 한 여자가 말을 듣고 있을 때 주께서 그 마음을 열어 바울의 말을 따르게 하신지라"(사도행전 16:14). 다시 한 번 우리는 행간(行間)에서 성령의 역사하심을 읽을 수 있다. 또한 루디아의 경우와 극히 대비되는 빌립보 감옥 간수의 경우도 마찬가지며, 나중에 성경을 적극적으로 연구하던 베뢰아인들 가운데 다수가 복음을 믿게 된 경우도 그렇다.

아덴에서 바울의 영이 "분기되었던" 것도(사도행전 17:16 KJV), 보다 강력한 성령의 역사가 배후에 있었기 때문이다. 아레오바고 관원 디오누시오의 외로운 회심과 다마리라는 여인의 회심에서도 성령의 역사가 있었다. 그들은 우상숭배가 가득하고 철학적이며 자부심이 강한 그 아티카(Attica)의 수도에서도, 그리스도를 믿고 바울과 친해졌다. 우리는 그들의 회심을 통해, 사망의 심연으로부터 생명을 낳고자 태초의 혼돈 위를 비상(飛翔)하던 그 동일한 창조주 성령께서, 새가 알을 품는 것과 흡사하게 감화력을 행사하신 것을 엿볼 수 있다.

사도행전 18장 5절에는 다음과 같은 구절이 나온다. "바울이 성령 안에서 강권함을 받았다"(KJV). 이 구절의 다른 편집본문 읽기는 "말씀에 붙잡혔다"이다. 그밖에 아볼로는 "영적으로 열렬했다"(사도행전 18:25

KJV). 또 바울은 "성령 안에서 작정했다"(사도행전 19:21).[8]

일부 현명한 성경학자들은 이 구절들과 기타 유사 표현들이 마음과 심령에 역사하는 성령의 행동을 가리킨다고 이해했다. 성령의 이런 역사하심은, 모종의 거룩한 강권을 창출해 복음 증거에서 어떤 새로운 방향을 찾게 하거나, 설교 때와 가르침을 행할 때 영적인 열정과 열렬함이 방출되게 하고, 혹은 인간의 의지나 육의 의지가 아닌, 하나님의 의지로부터 나온, 어떤 의도를 불러일으킨다는 것이다.

이 구절들을 어떻게 이해하든 의심할 여지없이 분명한 것은, 확신과 애착, 갈망과 간구, 결심과 결정 등 우리 마음의 모든 내적 움직임에서, 우리가 성령과 긴밀한 교제를 유지하는 정도에 비례해, 또 우리가 섬김을 위해 성령께 순복하는 정도에 비례해, 성령의 행하심과 성령의 행하게 하심을 유쾌하게 인식할 수 있다는 사실이다.

바울이 예루살렘과 로마로 가기로 작정한 그 경우(사도행전 19:21)에 대해서도, 성령의 역사로 그가 그런 확고부동한 결심을 하게 되었다고 우리는 설명할 수 있을 것이다. 밀레도에 있을 때 바울은 에베소 장로들에게 꽉 붙들려 있었다. 그리고 가이사랴에서는 아가보가, 거룩한 성 예루살렘에서 사람들이 바울을 결박해 이방인들의 손에 넘겨줄 것이라고 예언하자, 그의 일행은 바울에게 예루살렘에 결단코 올라가지 말라고 부드럽게 간청했으나, 바울은 "권함을 받지 아니했다." 이에 간청하던 그의 친구들은 단념하며 이렇게 말할 수밖에 없었다. "주의 뜻대로 이루어지이다"(사도행전 20:17 이하, 21:8-14).

바울의 그런 끈덕진 의향은 단순한 고집에서 기인한 게 아닐 것이다. 왜냐하면 바울은 자신이 "성령에[KJV, in the spirit. 토 프뉴마티 τῷ πνεύματι] 매임을 받아" 간다고 말하고 있기 때문이다(사도행전 20:22). 바울이 하나님의 뜻을 수행하며 감당하도록, 그의 의향을 빚어내고 그에게 거룩한 결심의 속박과 심령의 확고부동함을 주신 이는,

---

[8] 바울이 성령 안에서 작정했다는 것은 대부분의 영어역본에도 있고 한글개역[개정]의 원본인 네슬-알란트 편집본에도 있다. 그런데도 한글개역[개정]에는 번역이 탈락되어 있다.

결박과 환난이 그를 기다린다고 각성에서 증언하신(사도행전 20:23) 동일한 그 성령이었다. 그래서 바울도 그의 주님처럼 "나는 받을 세례가 있으니 그것이 이루어지기까지 나의 답답함이 어떠하겠느냐"(누가복음 12:50)라고 말할 수 있었던 것이다.

우리가 공부하고 있는 사도행전은, 제자들조차도 성령에 대한 지식이 없고 성령에 대해 전적으로 무지할 수 있음을 보여준다. 이 성령행전에 기록된 네 번의 뚜렷한 오순절적 축복은 상호간에 일치점뿐만 아니라 눈에 띄는 차이점도 가지도 있다. 그 네 차례 사건 가운데 마지막이 사도행전 19:6이다. 성령은 결코, 자신의 역사하심에서 정확하게 똑같은 양태를 되풀이하지 않으시는 것 같다. 앞서 우리는 성령이 유대인들, 사마리아인들, 로마인들에게 부어진 사건을 차례로 살펴보았다.

이제는 그 일이 예루살렘도 사마리아도 가이사랴도 아닌 에베소에서, 그것도 헬라인들에게 일어났다. 표적들은 흡사했다. 이 에베소 제자들 역시 "방언도 하고 예언도 했다." 그러나 이 네 차례의 성령 부으심에는 상호간의 차이점들도 뚜렷이 나타난다.

예루살렘에서는, 이미 기독교 물세례를 받고 성령의 오심을 대망하며 간구하던 제자들과 사도들에게 성령세례가 임했었다. 사마리아에서는 갓 구원받은, 그리스도를 믿는 회심자들에게 성령이 하사되었다. 그 사마리아 신자들은 예루살렘에서 일어난 그 성령역사(役事)를 들어 알고 있었고, 어쩌면 그와 유사한 축복 받기를 갈망했는지도 모른다. 그들은 유대인들에게 경멸을 당하던 인종으로서 스스로가 그런 축복을 기대하지 않았을 수도 있지만 말이다.

가이사랴에서는 기독교 세례를 받기 이전의, 혹은 그리스도를 고백하기 이전의 이방인 회중 전체에 성령이 임하셨다. 이 경우에 처음으로, 회심시키는 성령의 사역과 기름 붓는 성령의 사역이 동시에 발생한 듯하다.

그러나 이제 에베소에서는, 앞서와 유사한 권능의 현현이 있었지만, 선행조건이 달랐다. 이런 신령한 하사(下賜)에는, 정확한 되풀이가 없는 것 같다. 이 제자들은 이미 믿고 있었지만 성령에 대해 가르침을 받은 적이 없었으며 심지어 "성령이 있음도 듣지 못했다"(사도행전 19:2). 그들은 기독교 세례를 받은 적이 없었으며 요한의 세례를 받았었는데, 그것은 "회개케 하는" 세례였다. 그러므로 이제 그들은 그리스도로 세례를 받으며, 또한 즉각 성령으로 세례를 받는다.

그 밖의 다른 정보가 없지만, 여기서 두 가지 중대한 교훈을 얻게 된다. 하나는 그리스도의 참된 제자들조차도 성령의 행하심에 대해 무지할 수 있다는 사실이며, 또 하나는 성령의 역사가 다양하게 나타난다는 사실이다. 성령의 중생시키는 사역을 받은 주체자였음에도 불구하고 성령의 존재조차 알지 못했다는 점을 생각해보라!

갓 태어난 하나님의 자녀는 그를 영적으로 낳으신 이가 누구인지를 알지도 못하고 그를 인식하지도 못한다! 사역자가 복음을 전하고 가르침에도 불구하고 제자들이 성령의 인격과 사역에 대한 무지 가운데서 영적으로 성장하지 않고 있다면, 이것은 그 사역자에게 얼마나 큰 도전인가! 그럼에도 삼위일체 하나님의 제 삼위에 대한 조직적 가르침을 실시하는 교회가 얼마나 될까?

또한 성령의 역사하심의 다양성과 관련해, 얼마나 포용적인 사랑이 여기에 나타나 있는가! 그에 따라 우리가 얼마나 포괄적인 희망을 얻을 수 있는가! 네 번의 성령 임하심에 나타난 바에 의하면, 성령의 권능을 받은 주체들 가운데는 지식 있는 제자들도 있었을 뿐만 아니라, 버림받은 사마리아인들도 있었으며, 회심하지 않은 채 아직 구도(求道)하고 있는 나그네들과 외국인들도 있었고, 나아가서는 회개에 이르긴 했으나 그리스도에 대한 진정한 앎을 얻지 못한 가운데 성령이 계시다는 사실조차 알지 못한 이들도 있었다.

선교사가 유대인들에게 보내심을 받든 이방인에게 보내심을 받든, 버림받은 천민들에게 가든 아덴의 철학자들에게 가든, 회심하지 않은 우상 숭배자에게 가든 무지하고 노예적인 형식주의의 차꼬에 매인 명목상의 그리스도인들에게 가든, 또한 인도의 정글 속에 가든 콩고의 해안에 가든, 거짓 선지자의 추종자들에게 가든 중국 현자(賢者)의 제자들에게 가든, 식인종 야만인들에게 가든 교육받은 회의주의자들에게 가든, 곳곳마다 동일한 하나님의 성령께서 영적 축복을 내리실 준비를 하고 계신다는 사실은, 선교사에게 얼마나 큰 격려가 되는가! 우리가 말씀을 전하고 그리스도의 이름으로 기도하기만 하면 된다. 그러면 그 복스러운 성령의 임하심이 뒤따를 것이다.

나아가, 그 에베소 오순절 사건에 뒤이어 찾아온 놀라운 "부흥"으로부터 우리는, 성령에 대한 지식과 성령 받음에 얼마나 많은 것이 달려있는가를 어느 정도 배울 수 있다. 신자들 사이에서 일어난 그 표적들에 이어 후속적으로 가일층 놀라운 표적들이 불신자들 사이에서도 벌어졌다.

그 다이아나(아데미)의 도시, 다이아나의 성지, 그리고 다이아나를 모신 그 유명한 신전에는 마술사들과 괴이한 신비술에 능숙한 자들이 모여들고 밀집했는데, 그들조차도 하나님께로 돌아섰다. 이 "마술"의 비결이 담긴 책들을 대거 소각하는 사건이 벌어졌다. 새로 얻은 구주를 위한 희생 제물로서, 그리고 복음의 권능에 대한 증거로서 모든 사람들 앞에서 불태워 버린 그 책들 혹은 두루마리들의 추정 가치는, 당시로서 막대한 금액인 "은 오만"이었다(사도행전 19:19).

데메드리오와 그의 동료 장색들은 이와 같이 "주의 말씀이 힘이 있어 흥왕하여 세력을 얻"게 되자(사도행전 19:20), 아마도 깜짝 놀랐을 것이며, 그들의 사업이 위태로워지고 다이아나의 위엄도 훼손당할 우려가 있다고 느꼈다! 제자들이 권능의 세례, 위로부터 임하는 영적 부으심, 성령의 충만을 얻을 때는 언제 어디서나 각성과 부흥이 확실하게 뒤를 따른다. 아니 이미 그것은 시작된 것이다.

그리고 이 사도행전 19장은 우리 모두에게 하나의 영구적인 교훈을 전해준다. 제자들이 참된 부흥을 경험할 때 사회에는 혁명이 일어난다는 사실이다. 성령이 하나님의 자녀들 위에 강력히 운행하실 때 우리는 불신자들 사이에서 다른 강한 움직임이 나타날 것으로 예상할 수 있으며, 또한 마귀가, 자기 때가 얼마 남지 않았음을 알고 있는 듯 크게 분노해 직접 내려온다 하더라도, 우리는 놀랄 필요가 없다.

성령에 대한 또 하나의 직접적인 언급이, 본 성령행전을 완벽하게 만들어 주고 있다. 바울은 에베소 장로들에게 말한다. "여러분은 자기를 위하여 또는 온 양떼를 위하여 삼가라. 성령이 그들 가운데 여러분을 감독자를 삼고"(사도행전 20:28. 감독자들, 에피스코포이 ἐπίσκοποι, bishops). 우리는 이 구절을 통해, 본 짤막한 단행본의 서두 부분에서 강조했던 바와 동일한 교훈을 본서의 끝부분에서 발견하게 된다. 사람이 그리스도의 몸 안에서 어떤 직분을 얻든, 그리고 직분자를 선택하고 임명하는 일에 어떤 사람들이 관여하든, 성령의 지명과 권위가 모든 참된 직분의 배후에 놓여 있다는 사실이, 바로 그 교훈이다.

우리가 앞서 본서 5장에서 살펴본 이 문제를 붙들고 오래 지체할 필요는 없을 것이다. 다만 이 문제에 관해 확신을 얻기 위해, 한 번 더 강조해서 되풀이할 필요는 있을 것이다. 그런 되풀이가 비록 "한 푼 어치의 가치 밖에 없는 수사적 표현에 불과하다"고 할지라도 말이다.

만일 교회의 실제 행정이 거룩하지 못한 사람의 손에, 영적이지 못하고 심지어 회심하지도 않은 사람들의 손에 떨어진다면 어떤 일이 벌어지겠는가. 그리스도의 교회에 이보다 더 큰 어떤 재앙이 있겠는가! 그들은 여하한 세속적인 자질이나 자격을 지니고 있든 간에, 그 한 가지 가장 필수적인 자격요건, 곧 성령의 마음을 분별하는 능력과, 이에 따라 성령과 협동할 수 있는 능력 및 협동하고자 하는 의향을 결여하고 있으니 말이다.

이것이 본 성령행전의 결론적 교훈이다. 왜냐하면, 이 성령행전의 한 가지 위대한 목적은 바로 우리에게 다음 사실을 가르치는 것이기 때문이다. 모든 참된 교회의 유일한 머리(the one Head)는 불가시적인 머리(the invisible Head)이시다; 교회는 성령이 내주하시고 성령이 다스리시는 신자들의 집단이다; 중요한 모든 문제들 가운데 이것이 가장 중요하다. 목회자로부터 교회사찰까지 모든 직분자 및 모든 성도들은 이 보이지 않는 주재적 직분자(主宰的 職分者, this unseen presding Officer)의 종속자이고 종이 되어야 한다는 것이다. 이 신적 대주교(this divine Archbishop)가 교회의 실질적 통치자이며 그분이 원하는 사람을 자기 교회 위에 세우신다. 이 사실을 분별할 수 있는 능력이, 그런 섬김에 적합한가 아닌가를 가름하는 기본적인 문제다.

영적인 진리에 맹목인 자들 가운데 누가 그 불가시적인 지도자를 찾아낼 수 있겠는가? 만일 여호수아가 여리고에서, 이스라엘에 승리를 안겨주기 위해 현장에 출현한 "여호와의 군대장관"(여호수아 5:13 이하)을 알아보고 인정할 수 없었다면, 혹은 그에게 기꺼이 순종하며 그를 따르고자 하지 않았다면 어찌 되었겠는가!

11장
결론: 성령 받음과 성령 거부

　가장 부요하신 하나님은 우리에게 복을 주실 수 있고, 가장 필요로 하는 사람이 그것을 받을 수도 있지만, 여하한 복도 우리에게 강제적으로 주어지지는 않는다. 처음에 성령과 함께 열리고 도중 내내 성령의 임재와 권능으로 가득 차 있는 사도행전이 또한 성령과 함께 종결된다는 사실은 엄숙한 의미를 내포하고 있다. 사도행전 첫 장과 마지막 장에 차이가 있다면 그것은, 첫 장의 약속이 마지막 장에서는 경고로 변한다는 점이다.

　교회사(史)의 이 첫 세대에서 기이한 일들이 벌어졌음에도 불구하고, 스스로를 하나님의 백성이라 부르고 자신들의 "선택받음"을 자랑스럽게 여겼던 자들(유대인들) 다수는, 눈이 멀고 귀가 먹고 마음이 강퍅해 황금 같은 기회를 놓쳤다. 나이 많은 바울 같은 사람이 모세의 율법과 선지자들의 글에 의거해, 아침부터 저녁까지 하나님의 나라를 설명하고 증언하며 예수에 관해 그들을 설득했지만, 슬프게도 "그 말을 믿는 사람도 있고 믿지 아니하는 사람도 있었다"고 성경은 기록한다(사도행전 28:24).

　그들은 떠나가면서, 단순한 믿음을 발휘해 복음을 믿고 신뢰한 것이 아니라, 그들의 고집 센 마음을 바꾸지 않은 채 서로 간에 큰 논쟁에 빠졌다. 이에 사도바울은 이사야 선지자의 그 두려운 책망을 인용한다(이사야 6:9). 말씀 증언에 대한 그 고의적 거부 안에 자발적 요소가 있음을 밝히는 방향으로, 이사야의 원문을 번역한다면, 그 번역이 더욱 강력하고 아마 더욱 이해하기 쉬울 것이다. "일렀으되 이 백성에게 가서 말하기를 너희가 듣기는 들어도 도무지 깨닫지 못하며 보기는 보아도 도무지 알지 못하는도다. 이 백성들의 마음이 우둔하여져서 그 귀로는 둔하게 듣고 그 눈은 감았으니 이는 눈으로 보고 귀로 듣고 마음으로 깨달아 돌아오면 내가 고쳐 줄까 함이라 하였으니"(사도행전 28:26-27).

바울이 발언한 이 말씀은 중생하지 못한 일반 죄인들에게 주어진 것이 아니라, 선택받은 대표적인 유대인 청취자들에게, 하나님의 백성임을 자인하는 이들에게, 타락한 신자들에게 주어진 것이다. 그런 점에서 이 말씀은 이중적 경고를 띠고 있는 셈이다. 그 말씀은, 그와 유사한 거부의 죄에 대해 하나님이 이 시대에도 자기 백성과 논쟁에 들어가실 수 있음을, 하나님의 심판의 모루 위에 떨어질 커다란 쇠망치처럼 강력히 우리에게 충고한다.

우리 목전에 펼쳐진 성령행전의 이 중차대한 장들이 그 속의 항구적 교훈을 읽으라고 우리에게 촉구하고 있는 이 마당에, 우리 시대에도 그와 동일한 정죄에 빠지는 일이 일어나는 게 가능할까? 신자들의 마음이 완악해지고 그들의 귀가 듣기에 둔감해지며 그들이 눈을 감음으로써, 그들이 이 기이하고 놀라운 증언을 보는 동안에도 실질적인 영적 지각과 이해 혹은 이 책의 가르침을 받아들이고자 하는 의향을 가지지 못할 수도 있을까?

그리스도의 교회가 하나님의 성령께, 성령이 당연히 가지셔야 할 권위의 보좌, 통치의 보좌를 실제적으로 드리지 않고, 그 자리에 불순종의 자녀들 가운데서 일하는 찬탈자, 이 세상의 영을 세우는 일은 가능할까?

하나님의 백성임을 공언하는 자들 가운데 누구를 필자가 감히 비난하고 꾸짖는 게 아니며, 그렇게 하고 싶은 마음도 없지만, 이것은 우리가 모든 신자, 그리스도의 모든 사역자와 교회에, 진지하게 고려해보라고 제기할 수밖에 없는 엄숙한 질문이다. 본 사도행전에 관한 우리의 모든 공부는 마지막에 이 문제로 귀결되고 있기 때문이다.

성령의 권능이 우리의 증언과 사역에 옛날처럼 충만해 있지 않은 것은 확실하다. 우리는 이 성령행전 공부로부터, 소멸시킬 수 없는 갈망을 가지고 이 권능이 다시 한 번 현현하는 것을 보고자 분연히 일어섰다. 우리는 성령의 임재가 어떤 특정 형태와 방식으로 나타나는 것을 열망하지도 않고 선망하지도 않는다. 또 사도시대의 표적들과 기사들이 정확히 그대로 재현되어야 한다고 말하는 것도 아니다. 하나님은 무한히 다양한 방식으로 현현하시며, 그 현현의 특정 방식들은 시대와 필요가 바뀜에 따라 달라질 수 있다.

그러나 성령이 오신 것은 교회와 함께 영원히 거주하시기 위해서다. 지극히 영광스럽고 거룩한 인격체인 하나님의 성령이 교회 안에 거주하심에도 불구하고 그분이 자기 임재의 명백한 표적이나 신호를 주시지 않는다는 것은, 있을 수 없는 일, 우리가 믿을 수 없는 일이다.[9]

성경에는 "끊어지지 않을 영영한 표징"이 약속되어 있다. 잣나무는 가시나무를 대신하여 나며 화석류는 찔레를 대신하여 날 것이라(이사야 55:13). 가망 없는 토양에서 경건한 식물들이 자라나 하늘의 열매를 맺음으로써, 하나님이 영광을 받으실 것이다(이사야 60:21, 61:11).

성령이 그리스도의 몸 안에 거주하실진대, 성령이 자신의 뜻을 따라 일하시도록 우리가 성령께 자유를 드린다면, 성령은 몸 전체를 소성시키실 것이다. 지체들은 새롭게 서로를 돌볼 것이며 고통과 즐거움을 함께 나눌 것이다. 이 신비로운 몸에 속한 모든 자의 복지와 행복을 바라는, 어떤 거룩한 선망이 일어날 것이다. 거룩한 모든 사역에서 열렬한 사랑의 협력이 있을 것이다.

사랑의 영이 지배하시는 곳에서는, 내적 소원(疏遠)으로 나타나든 외적 갈라짐으로 나타나든 모든 분열은 불가능해진다. 진리의 영이 내주하시는 한, 모든 이단의 발생은 불가능해진다. 생명의 영이 몸을 전율하게 하실 때, 그리고 그 한도까지, 죽어가는 세상에 대한 온갖 냉담과 무기력

---

[9] 피어슨은 강한 부정으로 강한 긍정을 대신하고 있다. 성령께서는 교회에 영원히 거주하심에도 불구하고 성령의 부으심을 통해 그의 임재의 명백한 표적이나 신호를 나타내신다는 사실이 당연히 있을 수 있는 일이고 우리가 믿을 수 있는 일이라는 것이다.

은 사라지고 그 대신 동정심 어린 활동이 일어날 것이다. 나아가 빛의 영이 그의 찬란한 신적 광채를 발하실 때 하나님에 대한 온갖 무지와 미신적인 예배 형식들은 야밤의 올빼미들처럼 달아날 것이다.

요컨대, 성령이 제자들의 동의와 협력을 받아 자신의 정상적인 지배권을 재점유하시고 교회를 모든 진리와 본분 속으로 적극 인도하실 때, 그만큼 확실하고 신속하게, 교회의 모든 필요는 충족될 것이다. 성령은 여전히 하나님의 유일한 지상 성전인 교회 안에 내주하시기 때문이다.

우리가 지금 제기하고 있는 이 문제는 극도로 실용적인 사안이다. 하나님을 위해 교회가 어떤 힘을 발휘할 것인가와 관련된 모든 일이, 이 문제에 대한 대답에 달려있다.

우리가 다음과 같은 일들이 일어난다고 가정해 보자. 거룩한 부흥의 물결이 온 땅을 휩쓴다. 자아를 숨김없이 탐색하는 기도의 영이 그 결과로 나타난다. 목회자들, 교회 직분자들, 교인들이 일치단결하여 하나님의 뜰에서 세상의 온갖 우상들을 깨끗이 제거해 버린다. 하나님의 집에서 찬양 사역은 헌신된 손에 맡겨지고, 그와 아울러 예술적이고 심미적인 음악보다 신령한 찬양을 향한 거룩한 열망이 일어난다. 설교는, 성령의 권능으로 하나님의 증언을 단순하게 선포하는 일이 된다.

또한 세속적인 사람들은, 제아무리 부유하고 교양 있고 영향력이 있는 자라 하더라도, 교회의 모든 공직에서 밀려나고, 성령으로 충만해 성령의 마음을 분별하며 성령의 인도하심에 순종하는 제자들이 그 자리를 차지하게 된다. 주의 일을 위한 온갖 세상적 모금 방법은 포기되고, 기도로 드리는 자발적이고 자아부인적인 헌금이 그 자리를 대신한다. 골방에서, 그리고 성도들의 모임에서 사라져버린 기도의 예술이 다시 진정한 제자리로 돌아간다. 하나님의 마음을 알기까지 하나님을 기다리면서, 어떤 일도 행하거나 시도하지 않는다.

한 마디로, 교회의 삶 전체가 거룩한 산 위에서 우리에게 보여주신 모범(산상수훈)에 따라 결연히 리모델링된다고 가정해 보자. 만일 그런 일이 일어난다면, 오순절의 영광스러운 여명 이후 일어난 은혜의 표적들과 기사들 못지않게 영향력이 있는, 그와 동일한 것들을 하나님은 일으키실 것이다. 우리 중에 누가 이를 감히 의심할 것인가?

하나님의 이름은 "스스로 있는 자"다(출애굽기 3:14). 참으로 신비로운 이름이다. 이 이름이 무엇을 의미하든지 간에 최소한, 지금도 **불변적인 영원한 분**을 뜻하는 것만은 확실하다. 그 분은 "어제나 오늘이나 영원토록 동일하시다"(히브리서 13:8). 그분은 과거의 모습 그대로 현재도 존재하고 계신다. 그분은 지금까지 행해 오셨던 일을 현재도 행하실 수 있고, 장차 행하실 것이며, 또한 현재 그렇게 행하고 계신다. 우리가 그분의 존재하심과 행하심을 볼 수 있든 없든, 알 수 있든 없든 말이다. 태양처럼 그분의 빛남은 영원하다.

우리가 어둠 속으로 들어간다 한다 하더라도, 빛은 본질적으로 어두워지지 않는다. 우리가 빛을 차단한다 하더라도 빛은 그 차단물 뒤에서 우리에게 도달하기 위해 몸부림치고 있다. 하나님의 교회가 세상의 그림자 뒤에 가려진다 하더라도 태양은 여전히 영화로운 광채를 발한다.

하나님께는 "변함도 없으시고 회전하는 그림자도 없으시다"(야고보서 1:17). 하나님의 과거 행위는, 그것이 제아무리 놀라웠다 하더라도, 하나님이 장차 기꺼이 행하고자 하시고, 또 행하고자 기다리고 계시는 일의 약속이자 예언이며 증거다. 하나님은 우리의 조건이 그것을 가능하게 할 때 그것을 행하실 것이다.

우리의 실패와 탈선에 대한 책임을 직접 혹은 간접적으로 하나님께 전가하는 것은, 하나님을 거짓말쟁이, 거짓약속을 하는 이, 변덕스럽고 가변적이고 신뢰할 수 없는 존재로 격하시키는 것이나 마찬가지다. 하나님에 대한 우리의 의심은 하나님을 부인하는 행위이며, 하나님에 대한 우리의 불신은 배교 아니면 간접적인 신성모독이다.

이전의 지면들에서 우리는 한걸음씩 나아가며 성령의 임재와 권능이 어떻게 밝혀지는지를 살펴보았고, 성령론의 점진적 발전을 추적해 보았다. 이 간략한 공부를 끝내기 전에, 뒤를 돌아보면서 우리가 배운 교훈들을 점검해보고, 연대적 순서가 아닌 논리적 연결 관계를, 분석적 시각이 아닌 종합적 시각으로 살펴보는 것이 좋겠다. 그러면 우리가 이 성령행전에서 어떤 포괄적 진리체계를 배웠는지 한눈에 알 수 있을 것이다.

영감된 사도행전의 지면들은 성령의 매우 놀라운 계시를 담고 있다. 그것을 12개 항목으로 간략히 요약할 수 있을 것이다.

1. 성령의 특성은 약속된 보혜사, 아들에게 주신 아버지의 승천 선물, 그리고 아들이 그의 보혈의 피로 값주고 사신 교회에 주신 아들의 선물이시다.

2. 성령이 하늘로부터 신자들에게 강림하셨으며, 유대의 예루살렘에서, 사마리에서, 가이사랴에서 로마인들 가운데, 에베소에서 헬라인들 가운데 네 번의 대표적인 성령의 부으심이 있었다.

3. 성령의 권능이 그의 증인들 속에서, 기름부음과 말을 통해서, 설교와 예언을 위해서 많은 방언과 불의 혀 가운데, 완강한 적들의 면전에서, 은혜 충만과 담대한 증언 가운데 역사하신다.

4. 성령은 인격성과 개체성, 신성과 신격을 지니고 계신다. 그러므로 성령은 그리스도의 유일하고 참된 대리자이시다.

5. 성령은 신적인 작용과 활동으로 그리스도의 몸, 교회를 탄생시키셨으며, 주 믿는 신자들을 더하시고, 신자들의 수를 대단히 증가시키며, 큰 무리의 제사장들도 그리스도 신앙에 복종하게 하셨다.

6. 성령은 교회 안에 임재하시고, 교회를 주재하셔서 장로들을 감독자로 세우시고, 집사들을 구제 담당자로 삼으시며, 진실로 순종하는 모든 영혼들을 그의 부하들(subordinates)과 종으로 삼으셨다. 그리고 성령은 교회 공의회에 [성령과 우리라고 하심으로] 공동-의논자 역할을 하시고, 그 의사전달을 공적으로 인치셨다.

7. 성령은 그리스도와 함께 신자들에게 공동으로 증언하시며, 신자들과 공동으로 세상에 증언하신다. 성령은 제자들에게, 제자들 안에서, 제자들을 통해 증언하시고, 그리스도의 것을 취하시고 그것들을 나타내셔서 그리스도를 영화롭게 하시고, 놀라운 역사와 기사로 그들의 증거의

말을 증언하시고 입증하신다.

8. 성령은 개별적으로 인도하시고 다루시며, 구도자의 영혼을 사랑하시고 인도하시고 자기가 임명한 교사들을 안내하셔서 한 사람의 구도자와 한 사람의 교사를 서로 구원의 접촉을 하게 하신다. 성령은 이방인들에게 보낼 사자들을 지명하시고, 그들을 구별하여 파송하시며, 그러신 후 그들을 강권하셔서 그들의 사역지로 가도록 인도하신다.

9. 성령은 청중에게 권능으로 역사하셔서, 진리를 예증하심으로, 죄와 의와 심판을 확신시키심으로, 사람들을 두렵고 떨리게 하심으로, 그들을 회개하고 믿고 세례를 받도록 인도하심으로, 그들의 [죄된] 행위를 고백하고, 그들의 호기심 어린 [음란한] 예술을 거부하고, [우상으로 삼는] 그들의 값비싼 책들을 모든 사람들 앞에서 불태우게 하심으로, 성령의 검으로 그들의 심령을 찌르거나 베신다.

10. 성령은 정직을 위해, 그 자신의 영예를 위해, 성령을 속이고 바친 물건을 편취하려고 성령을 기만함으로 그를 시험하는 이들을 벌하심으로, 즉각적인 심판을 통해 그의 거룩한 사람에 대한 모욕에 대해 징벌을 내리심으로, 그리하여 대단한 두려움이 교회만 아니라 이 소식을 들은 많은 이들에게 임하도록 하심으로 거룩한 질투심을 발하신다.

11. 하나님의 말씀이 흥왕하고, 교회가 평안을 얻도록 하시는 성령의 위로(파라클레시스) 혹은 그리스도의 몸의 완벽한 통치가 대단히 증가하고 강화되었으며, 그리고 성도들이 사도들의 가르침과 교제, 떡을 떼고 기도 가운데, 지속적으로 계속정진하며, 한 마음 한 뜻이 되었다.

12. 성령은 제자들에게 능력을 주시고 계시를 주셔서 성령 안에서 그들의 믿음과 기쁨을 증진시키시고, 그들이 말해야 할 것을 그들에게 가르치시고, 신실한 증언의 말을 위해 그들에게 기름부으시고, 섬기고 고난을 견디도록 그들을 강하게 하시고, 그리고 그들이 그의 이름을 위해 말하고 능욕을 당하는 것을 기뻐하게 하도록 그들을 충만케 채우셨다.

이 모든 것 외에도, 유쾌하게 하는 때가 오리라는 약속이 있다. 그 때는 주님이 세상에 부재하시는 때가 아니라 주님이 세상에 현존해 계실 때다. 늦은 비가 내려 그 때 성령이 모든 육체에 부어질 것이며, 세상이 시작된 이래 하나님의 모든 거룩한 선지자들이 예언한 모든 일들이 성취될 것이다.

그리스도의 교회여! 성령행전의 기록들은 결코 완성에 도달하지 않았다. 성령행전은 적절한 종결을 아직 맺지 못한 유일한 책이다. 하나님의 백성이 복되신 성령을 그의 거룩한 통치보좌에 복위시키는 한도까지, 또 그에 비례한 속도로, 이 성령행전에는 새로운 장들이 추가될 것이다. 저항 받는 보좌에는 성령께서 오르지 않으실 것이며, 분할된 반쪽짜리 주권은 성령께서 행사하시지 않을 것이다.

성령은 "종족의 우상, 동굴의 우상, 시장의 우상, 극장의 우상"(Francis Bacon)을 그의 뜰에 용납하지 않으실 것이다. 세속적인 교회, 영적이지 않은 교회는 사실상 성령이 없는 교회다. 그리고 성령이 없다는 것은, 생기가 없는 것이고, 살았다 하는 이름은 가졌으나 죽은 것이며, 빛과 생명, 진리와 사랑, 평화와 권능을 잃은 것이다.

"기드온의 양털"은 두 가지 교훈을 준다. 우리 주변의 것은 모두 말라있지만 우리는 복되게도 하늘로부터 내려온 이슬로 촉촉이 젖어 있을 수 있다. 반면에 우리 주변의 모든 것은 촉촉이 젖어있는데도, 우리는 저주받아 메말라 있을 수 있다.

우리가 그리스도의 몸 전체를 위해 기도하지만, 우리 각자는 개인적 책임을 안고 있다. 성령 안에서 하나님과 거룩하게 교제하는 법을 배양하자. [성령의 부으심을 사모하자.] [성령의 충만을 간구하자.] 우리 자신을, 죽은 자로부터 살아난 자로서 하나님께 드리자. 교회 안에서 성령이 통치하실 수 있도록 용기 있는 입장, 그러나 사랑의 입장을 담대히 취하자. 그리하여 성령이 환영받으며, 자신에게 합당한 주권의 보좌 위에 오르시게 하자. 그러면 성령의 황금 홀 아래 모든 축복이 이슬처럼 내릴 것이며, 주께서 그의 복과 생명을 새롭게, 항상 내리실 것이다!(*)

한국기독교사연구소 출간도서

한국교회와 민족을 깨운 평양산정현교회

편하설, 강규찬, 조만식, 주기철 같은 걸출한 인물을 배출했던 평양산정현교회는 광복 전 40년간 부흥운동, 기독교민족운동, 신사참배반대운동, 공산정권에 대한 저항운동의 보루로서 겨레와 함께한 교회였다. 본서는 한국교회와 민족과 사회에 지대한 영향을 끼쳤던 평양산정현교회를 조명하여 민족부흥의 기치를 올리고자 했다.

박용규 지음
2006
신국판 양장
423쪽
17,000원

강규찬과 평양산정현교회

본서는 한학자, 기독교민족운동가, 목회자로 한국교회의 중요한 족적을 남긴 강규찬 목사를 조명한다. 그의 영향으로 산정현교회가 조만식 선생과 같은 많은 민족지도자들을 배출할 수 있었다. 본서를 통하여 교회가 민족과 사회에 대한 책임을 어떻게 감당해나가야 할지를 통찰을 얻게 될 것이며, 강규찬 목사와 그 시대 중요한 인물들을 만날 수 있을 것이다.

박용규 지음
2011
신국판
368쪽
12,000원

평양대부흥이야기

본서는 지난 100년 동안 한국교회가 놀라운 영적 생명력을 유지할 수 있었던 원동력인 한국의 오순절, 1907년 평양대부흥운동에 대하여 잘 소개해 주고 있다. 1907년 1월 평양 장대현교회에서 시작된 강력한 성령의 역사인 평양대부흥운동에 대한 관련 자료, 선교사들의 생생한 보고서와 서신과 중요한 문헌들을 담고 있는 이 책을 통해 다시금 한국교회에 부흥운동의 역사를 소망해 볼 수 있을 것이다.

박용규 지음
2013
신국판
182쪽
10,000원

평양노회 지경 각 교회 사기

평양노회는 한국장로교의 중심축이다. 평양대부흥운동이 일어난 곳이고, 평양장로회신학교가 위치한 곳이며, 신사참배를 결정한 곳이다. 영광과 치욕의 역사를 그대로 간직하고 있다. 그 같은 평양노회에 속한 교회의 소중한 역사가 이 책 한권에 그대로 녹아 있다. 당시 평양교회의 산 증인 강규찬, 김선두, 변인서는 평양노회의 교회들의 역사를 생생하게 그려냈다.

강규찬, 김인두, 변인서 편집
2013
신국판
260쪽
10,000원

총회 100년, 한국장로교회 회고와 전망

본서는 2012년 총회 설립 100주년을 맞아 한국장로교를 대표하는 여러 장로교신학교의 역사신학교수들이 지난 100년의 총회 역사, 신학, 논의를 심도 있게 논의하고 발표한 논고들이다. 성경관, 통일문제, 사회참여, 연합운동, 교회분열과 연합 등 다양한 주제들이 다루어졌다. 본서에서 기고자들은 지난 100년의 장로교 역사를 회고·진단하고 앞으로의 방향을 제시할 것이다.

박용규, 이은선 편집
2014
신국판
442쪽
15,000원

조선예수교장로회사기 (상)
한국장로교 역사를 독노회 이전부터 총회가 설립되기 전까지 노회록에 근거하여 객관적이고 체계적으로 정리한 책이다. 조선예수교장로회 사기 上은 총회가 엄선한 위원들이 중심이 되어 기술된 이 분야의 가장 권위 있는 저술로 한문으로 되어 있어 있다. 초판의 편집상의 문제점을 보완하고 현대 독자들이 쉽게 접할 수 있도록 한문에다 한글로 토를 달고 세로쓰기를 가로쓰기로 바꾸고 색인도 첨부하였다.

차재명 편저
2014
신국판
448쪽
20,000원

조선예수교장로회사기 (하)
1912년, 제 1회 총회부터 1923년, 제 12회 총회까지의 장로교 역사를 총회록을 중심으로 기술하였다. 함태영을 비롯한 위원들이 기술하였고 1930년에 교정이 완료되었지만 일제하에 출판을 하지 못하다가 백낙준 박사가 오윤태 목사로부터 원고를 입수하여 1968년에 출간하였다. 초판의 편집상의 문제점을 보완하고 세로쓰기로 된 것을 가로쓰기로 하고, 선교사의 영어 이름을 삽입하고, 색인을 만들어 가독성을 높였다.

양전백, 함태영, 김영훈 편저
2017
신국판
767쪽
30,000원

세계부흥운동사 개정판
본서는 신구약성경과 지난 2천년간의 세계기독교회사에 나타난 놀라운 부흥운동, 영적각성운동 역사를 심도 있게 조명한 책으로서, 세계 각국의 개인, 교회, 민족 가운데 일어난 놀라운 성령의 역사를 생생하게 접할 것이다.

박용규 지음
2016
신국판 양장
1153쪽
50,000원

근대교회사
1648년 웨스트팔리아 평화조약부터 1879년 불란서 혁명과 1861년 남북전쟁에 이르는 이성과 자율의 시대 세계근대교회사를 통시적인 안목을 가지고 재구성한 책으로서, 종교개혁 이후 급속한 변천을 맞은 이 시대 세계 기독교의 역사, 중요사건, 인물을 흥미있게 만날 것이다.

박용규 지음
2016
신국판
390쪽
16,000원

초대교회사
세계초대교회 배경부터 5세기에 이르는 세계초대교회사를 원자료에 근거하여 재구성한 책으로 초대교회 박해, 속사도, 기독교 변증가, 이단의 발흥, 삼위일체논쟁, 기독론논쟁, 어거스틴을 비롯한 초대교회 사상가들, 수도원제도, 교황제도와 세계선교 사건을 생생하게 만날 것이다.

박용규 지음
2016
신국판
621쪽
27,000원

자연과학으로부터의 반기독교적 유추

한국이 낳은 가장 위대한 신학자 중 한 명인 죽산 박형룡 박사의 박사학위 논문을 번역한 책이다. 자연과학으로부터의 반기독교적 유추를 논박하기 위해 '종교, 성경, 하나님의 존재, 하나님의 사역, 인간의 본성에 관한 고등개념, 죄와 구원' 이라는 여섯 가지 중심 주제를 제시하며 내용을 전개한다. 학위 논문의 각주와 참고문헌을 현대적으로 다듬었고, 내용 전개 과정에서 생략된 순서를 재조정하였으며, 독자들을 위해 색인을 추가하였다.

박형룡 지음
2016
신국판
300쪽
12,000원

한국기독교회사 Ⅰ : 1784-1910

저자는 한국과 외국에 흩어진 방대한 자료를 수집하여 1784년부터 1910년까지 한국교회의 모습을 생생하게 담아냈다. 본서에는 한국에 파송된 선교사들의 신학과 신앙, 그들이 남겨준 신앙의 발자취와 결실들이 생동감 있게 그려져 있다. 한국에 파송된 선교사들이 어떻게 복음의 순수성 계승, 복음전파, 복음의 대 사회적 책임을 선교현장에서 구현했는지를 생생하게 만날 것이다.

박용규 지음
2017
신국판 양장
1047쪽
50,000원

한국기독교회사 Ⅱ : 1910-1960

저자는 1910년부터 1960년까지 반세기 동안 한국교회의 모습을 신학적으로, 역사적으로, 사회문화적으로 균형 있게 고찰하였다. 독자들은 한국교회의 조직부터 진행된 해외선교운동, 105인 사건과 3.1 독립운동 같은 기독교민족운동, 사회계몽운동, 신사참배반대운동, 해방 후 남북한 교회의 재건과 갈등에 이르기까지 한국교회의 진 모습을 만날 것이다.

박용규 지음
2017
신국판 양장
1139쪽
50,000원

한국기독교회사 Ⅲ : 1910-1960

한국교회는 한국근대화의 주역이었다. 1960년 4.19혁명과 5.16군사정변이후 급속하게 전개되는 한국사회의 변화 속에서 한국은 민주발전, 경제발전, 세계화를 이룩했다. 본서는 혁명과 정체성파악, 대중전도운동과 교회성장, 전환기의 교회, 복음주의운동과 해외선교, 도전받는 교회, 새로운 밀레니엄 시대의 한국교회를 심도 있게 다루었다.

박용규 지음
2017
신국판 양장
1284쪽
58,000원

제주기독교회사

제주선교는 평양대부흥의 결실이다. 평양대부흥의 주역 이기풍이 제주도에 파송 받아 복음의 불모지 제주에 복음의 씨앗을 뿌리고 오늘의 기적을 가능케 했다. 비운의 땅 제주의 역사는 수난의 역사였다. 그러나 복음이 들어간 후 제주는 희망의 섬, 영광의 땅, 태평양으로 나아가는 세계화의 길목으로 바뀌었다. 본서는 한국 최초의 고난과 영광의 제주기독교통사이다.

박용규 지음
2017
신국판
717쪽
32,000원

개혁주의 신학: 현대 개혁주의 역사
프린스톤신학, 웨스트민스터신학, 화란개혁주의, 남부개혁주의전통과 신정통주의신학 등 미국의 근대개혁주의신학과 역사를 각 분야의 최고의 권위자들이 정확하면서도 심도 있게 그려낸 본서는 개혁주의의 의미를 둘러싸고 발생하는 많은 혼란들을 해결해 줄 것이며, 오늘날 개혁주의가 어떤 의미를 지니는가를 정확히 제시해줄 것이다.

데이빗 F. 웰스 편집
2017
신국판
526쪽
24,000원

기독교역사와 역사의식
기독교 세계관의 근간은 바른 기독교 역사의식이다. 기독교와 역사는 불가분리의 관계를 지닌다. 본서는 이 세상을 살아가는 목회자, 신학생, 그리스도인들에게 기독교 역사에 대한 깊은 안목과 바른 역사의식을 심어줄 것이다.

박용규 지음
2018
신국판
264쪽
12,000원

역사신학논총 31집
'역사신학논총'은 한국복음주의역사신학회가 발간하는 권위 있는 학술지이다. 제 31집에는 한국복음주의역사신학회가 종교개혁 500주년을 맞아 외국 석학 존 우드브리지 박사를 모시고 개최한 학술대회 발표 논문들이 실려 있다. 독자들은 높은 수준의 종교개혁의 학문적 진수를 만날 것이다.

한국복음주의
역사신학회 엮음
2017
신국판
291쪽
10,000원

역사신학논총 32집
'역사신학논총' 32집은 박용규의 '최근 이수정 관련 사료 발굴과 교회사적 의의,' 오지원의 '김교신의 종말론연구,' 권경철의 '루터의 칭의론과 이슬람 비평,' 안수강의 '최병헌의 종교관분석,' 김성욱의 '루터의 신학적 전환점들,' 주영빈의 'Jonathan Edwards and C. S. Lewis on Hell' 등 주옥 같은 논고들이 실려 있다.

한국복음주의
역사신학회 엮음
2017
신국판
232쪽
10,000원

아더 피어슨의 성령행전
선교동원가, 세계평론지의 편집장, 피어선신학교 설립자로 한국선교 발전에 지대한 공헌을 이룩한 저자가 사도행전을 성령행전이라는 새로운 시각으로 이해할 수 있도록 사도행전 이해의 지평을 넓혀준 역작이다.

아더 T. 피어슨 지음
2018
신국판
110쪽
6,000원

    한국기독교사연구소(The Korea Institute of Church History)는 비영리단체로서 복음주의적이고 개혁주의적인 신앙에 입각하여 한국교회사 전반에 대한 역사, 문화, 출판 사업을 통해 역사의식을 고취하고, 이 시대 복음의 대사회적 문화적 민족적 책임을 충실하게 감당하여 한국교회와 사회 전 영역에 그리스도의 주관을 확립하는 것을 그 목적으로 1997년 7월 14일 창립하였다.

    2004년부터 정기학술세미나를 개최하고 있으며, 2013년 4월까지 57차 정기학술세미나 및 심포지엄을 가졌다. 평양대부흥운동과 한국기독교회사 Ⅰ,Ⅱ,Ⅲ을 비롯해 많은 저술을 발행했으며, 홈페이지 www.1907revival.com과 www.kich.org를 통해 평양대부흥운동, 세계부흥운동, 한국교회의 정체성과 이슈를 포함하여 기독교회사에 대한 심도 있고 균형 잡힌 정보를 제공하고 있다.

주소 : 121-897 서울 마포구 합정동 376-32
전화 : 070-8235-1963, (02) 3141-1964
이메일 : kich-seoul@hanmail.net
홈페이지 : www.kich.org / www.1907revival.com
후원계좌 : 국민은행 165-21-0030-176 (예금주: 한국교회사연구소)
          우체국 104984-01-000223 (예금주: 한국교회사연구소)